Tarek Leitner — WO LEBEN WIR DENN?

Tarek Leitner

WO LEBEN WIR DENN?

Glückliche Orte. Und warum wir sie erschaffen sollten.

Brandstätter

INHALT

EINMAL UM DIE GANZE WELT – Ein Dramolett

Ein Paar im Auto. Aus dem Radio: leise Karel Gotts titelgebendes Lied. Abfahrtsrampe der Autobahn. Hinter den nassen Scheiben ziehen verzerrt einige Leuchtreklamen vorbei. Zu erkennen sind schemenhaft die Logos von Möbelix, Deichmann, Grillhähnchen, IKEA, Aldi, XXXLutz, Shell, Fressnapf, Preispirat, Lidl, Kik, Norma, DM, Leiner, Burger King, Metro, OBI, Takko-Fashion, Rewe, Best Western, Bellaflora, Bipa, Hornbach, Matratzen Concord, Dunkin Donut, BP, Media Markt, Pagro Diskont, Libro, Bamboo, Cineplexx, Kika, Jello, H&M, Primark, C&A, Rewe, Möma, Conrad, Plus, Pizza Hut, S. Oliver, Esso, Erotikmarkt, Edeka, Hotel, Sonnenstudio, Mc Donalds, T€di, Berliner Döner, Tschibo, Saturn, Netto, V-Markt, Penny, Motel, Reifen.com und einem Würstelexpress.

Sie bremst am Kreisverkehr unvermittelt stark ab. Dadurch erwacht er am Beifahrersitz. Erregt.

- Ja, wo leben wir denn?
- Tut mir leid, ich wollte dich nicht wecken.
- Neinnein, ich meine: Was ist denn hier geschehen?
- Du meinst den neuen Baumarkt, der hier eröffnet hat?
- Aber ist denn diese Firma nicht gerade pleitegegangen?
- Das war eine andere.
- Dann wird dieser Markt hier, der mir noch viel größer zu sein scheint, sicher gute Chancen haben.
- Ja, er ist an einem Kraftort gebaut, heißt es. Wer sein Herz öffnet, öffnet auch seine Geldtasche.

– Aah – kann sich das denn rechnen?
– Nein, aber sie mussten den Platz besetzen, sonst wäre ein anderer gekommen. Außerdem macht er es den Menschen sicher und bequem.
– Sicher?
– Sie haben aus dem Wellblechbau immer ihr Auto im Blick.
– Das ist notwendig? Im Einkaufs-Paradies …
– Es waren alle dafür. Die machen auch was mit Charity. Und man spart zwei Minuten Fahrt.
– Auf meine Kosten.
– Man parkt gratis. Außerdem haben sie hinter dem Parkplatz einen Vogelkundelehrpfad eingerichtet. Für die Kinder …
– Das wird den Tourismus aber antreiben.
– Es ziehen doch alle weg. Da muss man groß denken.
– Na dann …
– Wir könnten uns doch auch etwas im Grünen bauen, dann haben wir es weiter in die Stadt …
– Das fehlt mir gerade noch. Ich habe die Welt noch nie so hässlich gesehen, dass es mich schmerzt. Das liegt an dem Buch, das ich neulich gelesen habe. Auf der Umschlagklappe sind gar keine Nebenwirkungen vermerkt. (Pause) Den verklag ich …

BILDER UNSERER WELT – Eine Verwüstung

Noch nie haben wir uns derart intensiv gegen das Verschwinden aufgelehnt, und versuchen jedes Ereignis, jedes Antlitz, unsere ganze Lebensumgebung festzuhalten, beobachten die schönsten Momente, die herrlichsten Häuser, die Tanzaufführung unserer Kinder nicht mit den Augen, sondern live am Bildschirm des Smartphone. Es ist aber nur die digitale Welt, die wir zunehmend als unsere Lebenswelt verstehen, in der nichts mehr verschwindet. Wir vergessen daher darauf zu achten, was in unserer realen Lebenswelt verschwindet.

Das Einfamilienhaus im Grünen scheint das Versprechen von Stadt und Land einzulösen, und bringt doch nur von beidem die Nachteile – oder besser: produziert sie erst. Denn die Zeit für das angenehme Leben, das man sich im Liegestuhl im kleinen Vorgartengrün ausmalt, wird von Stunden des Pendelns aufgefressen, und das ist vielfach der Gegenpol zu dem, was wir uns unter schöner Zeit vorstellen. Sie bräuchte auch eine schöne Umgebung, die auf dem Weg *ins Grüne* aber nicht mehr zu finden ist.

Nicht nur aus Unachtsamkeit im Straßenverkehr, verwirrt durch die überbordende Beschilderung auf Überkopfwegweisern, die sich zu den Firmenlogotürmen gesellen, sondern wahrscheinlich auch angezogen durch die masochistische Lust an der Hässlichkeit, kam ich vom richtigen Weg ab. Eine kleine Unaufmerksamkeit auf den tentakelartigen Auf- und Abfahrtsrampen, und schon zieht die bunte Blechhalle, die man bereits im Visier gehabt hat, an einem vorbei.

Ein wirklicher Rückzug aus Teilen der Landschaft steht unserer Menschheitsbiographie entgegen. Seit dem Appell des Untertan-Machens gilt die Maxime des Unternehmens, nicht des Unterlassens. Jegliches Unterlassen vermittelt die Urangst des Untergehens, des Absterbens und des Aussterbens. Gerade bei den Landbewohnern nimmt diese Angst zu. Sie sehen die fortschreitende Urbanisierung, die Ausdünnung der Verwaltungs-Infrastruktur, also den Abzug von kleinen Gerichten, Postämtern und Polizeistationen, und kompensieren das mit gebauter Infrastruktur, wie Straßen, Einkaufszentren und Freizeitparks, die Menschen wieder anziehen sollen.

In Adalbert Stifters Roman *Der Nachsommer* interpretieren wir zwar die Abgründe der menschlichen Seele hinein, übersehen aber das beschriebene Ideal der Achtsamkeit, mit der einer der Hauptprotagonisten, der Freiherr von Risach, mit seiner Lebensumgebung umgeht. Zugegeben, sechzig Seiten vom Gartentürl bis zum rosenumrankten Haustor, das sind ein bisserl viel Eindrücke für einen Menschen der Gegenwart, auch wenn wir vermeintlich so viel gleichzeitig aufnehmen können. Für die Arten der Raumerfahrung aber sind sie ein Manifest der Achtsamkeit.

Natur, oder vielmehr ihr Schutz, verkommt zur Ersatzreligion, die wie jede andere nicht allzu ernst genommen wird. Wir drängen sie in Reservate zurück, wo sie gleichsam unter einem Glassturz geschützt wird. Sie ist nicht mehr einfach der Raum, in dem sich unser menschliches Handeln abspielt, sie ist – was ihren Schutz betrifft – religiös, und was ihren Nutzen betrifft, beinhart zu berechnen.

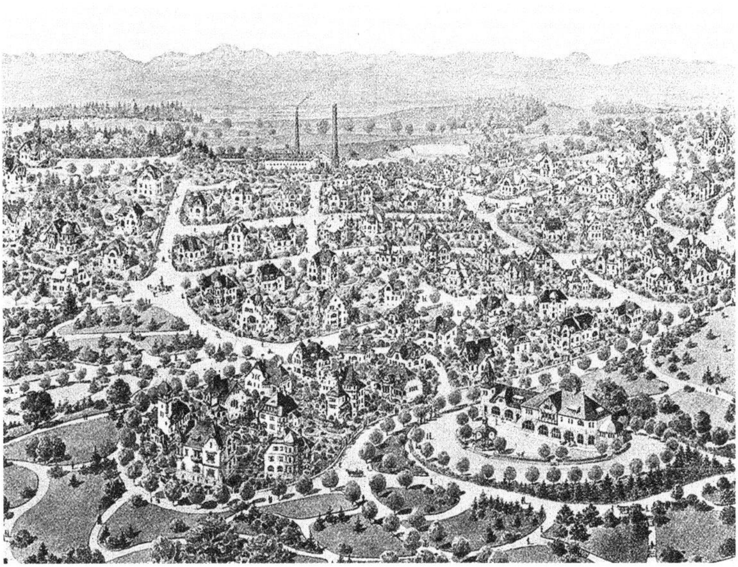

Als mir auf einem Flohmarkt, noch als Schüler, eine alte Zeitung in die Hände fiel, machte ich eine bemerkenswerte Entdeckung. Ich fand darin groß abgebildet die zeitgenössische Ansicht eines um 1900 errichteten Cottage-Viertels, eines Villenviertels am Stadtrand. Obwohl schon seit Jahren mein täglicher Schulweg durchführte, war mir nicht gleich bewusst, wo diese Landschaft war. Aber so klar hatte ich ihn bis dahin nie gesehen. Auf der Zeichnung waren Häuser zu sehen, die alle ein kleines Kunstwerk darstellten, frei auf einem Rasen stehend. Und dazwischen: *Nichts*!

Hierher kommt niemand, um einfach nur *da zu sein*. Die durch und durch kommerzialisierte Fun- und Shoppingwelt verbindet vormals durch *Land* getrennte Orte zu einem hybriden urban-ruralen Konglomerat. Zwischen Hochregallagern und Ackerfurchen tauchen hier vereinzelt Einfamilienhäuser auf, die eine ins Unendliche diffundierende Streusiedlung bilden. Es ist ein Siedlungsrauschen, gleich dem Rauschen im Netz, in dem man eine Sache, einen Gedanken nicht mehr festmachen kann, einen Diskurs weder führen noch mitverfolgen kann.

WIR LEBEN IM RAUME – Eine Überraschung

Die Landschaft ist das größte denkbare Kunstwerk, das Menschen zuwege bringen können, und die größte denkbare Katastrophe, wenn sie damit scheitern. – KARL SCHLÖGEL[1]

Erfolgreich sein, eine Leistung erbringen – wer steckt sich, seinen Kindern oder Mitarbeiterinnen nicht solche Ziele? Man nennt das vielfach *Vorwärtskommen. Vorwärtskommen* wiederum nennt man vielfach *Meter machen*, vielleicht am Königsweg, vielleicht nur auf der Ochsentour. Schon diese kleine alltagssprachliche Betrachtung zeigt, wie sehr sich unser Handeln auf Zeit *und Raum* bezieht, an einem Ort angesiedelt ist, und sich vor allem *in diesen hinein* erstreckt; Meter für Meter, Hektar für Hektar.

So selbstverständlich ist es nicht, dass unser Handeln verortet ist. Denn zunehmend meinen wir, die Zukunft liegt im virtuellen Raum. Wer nicht an den Highways des Internets sitzt, an den hochfrequentieren Plätzen der sozialen Netze, der bringt seine Produkte oder Informationen nicht unter die Leute. Das mag stimmen. Warum aber, wenn wir uns neuerdings ganz woanders herumtreiben, verändert sich dann unsere Landschaft, unsere Lebensumgebung in einem solchen Ausmaß zu ihrem Schlechteren, teils ins Unerträgliche?

Trotz Geburtenrückgangs und Wirtschaftsflaute hat der Landschaftsverbrauch in der Bundesrepublik eine Rekordmarke erreicht: Jedes Jahr wird die Fläche von der Größe des Bodensees zubetoniert, zerschnitten, zersiedelt. Allerorten entstellen Schwarzbauten Wälder, Ufer und Höhenzüge.

Landschaften, die einst als Inbegriff der Idylle galten, verlieren ihr Gesicht – Deutschland wird hässlich. Die Landschaftsplanung versagt, die Politik der Bonner Rechtskoalition hat den Landfraß noch beschleunigt[2].

Solchermaßen ist die Veränderung unserer Lebensumgebung unglaublicherweise schon im Jahr 1983 beschrieben worden. Und schon wenig später lässt Thomas Bernhard die Figur des Professor Robert in *Heldenplatz* vor diesen Entwicklungen resignieren: *Da müsste man ja ununterbrochen/ Tag und Nacht protestieren/ denn überall wird alles vernichtet/ überall wird die Natur vernichtet/ die Natur und die Architektur alles/ Bald wird alles vernichtet sein/ die ganze Welt wird bald nicht mehr wiederzuerkennen sein*[3].

Seither sind mehr als 30 Jahre vergangen, die Gesellschaft hat sich stark verändert – und ihr Abbild in der Welt zeigt eine noch größere Achtlosigkeit. Unsere Sehnsuchtsorte werden zunehmend zu Leidenslandschaften. Und das, obwohl wir in den zahlreichen Medien, die wir konsumieren, mit einer noch nie dagewesenen – meist schönen – Bilderwelt konfrontiert werden. Bilder, die aber nur mit einem immer weiter ausgezogenen Teleobjektiv aufgenommen werden können. Nur die gleichsam immer höhere Brennweite, die Fokussierung auf einen kleinen Punkt, ermöglicht es, die entstellte Landschaft rundherum auszublenden. Auf diese Weise entstehen in den medial vermittelten Bilderwelten unsere Sehnsuchtslandschaften. Die gibt es aber nicht mehr. Sie sind nur noch unsere Fluchtorte in einer als unvollkommen empfundenen und entstellten Realität. Trotzdem wird mit diesen Welten alles Mögliche beworben. Manchmal nur das Joghurt, das uns Landlust machen soll, oft ganze Regionen, die vorgeben, eine heile Welt zu sein.

Wenn wir dann tatsächlich in diese kommen, sehen wir eine ganz andere Welt, weil wir nicht den Tunnelblick des Teleobjektivs haben, sondern einen größeren Ausschnitt wahrnehmen.

Daran kann man erkranken. Man leidet dann unter dem Paris-Syndrom, und bekommt Herzrasen und Angst, schwitzt und es wird einem schwindlig. Es ist eine zeitgenössische Weiterentwicklung des Stendhal-Syndroms. Das ist das angenehmere. Dem müssen wir uns zuvor widmen. Stendhal, französischer Schriftsteller des frühen 19. Jahrhunderts, war bei einem Besuch von Florenz so sehr im Rausch der Gefühle, dass er vor Erschöpfung zusammenzubrechen drohte. In seiner *Reise in Italien*, schreibt er: *Ich befand mich bei dem Gedanken in Florenz zu sein (...) in einer Art Ekstase. (...) ich war bis zum Äußersten erschöpft und fürchtete umzufallen.*[4] Zwischen den beeindruckenden Bauten, die eine offenbar auch im sprichwörtlichen Sinne umwerfende Umgebung ausmachen, kann es einem auch heute noch so ergehen. Jedenfalls, wenn man die Stadtteile aufsucht, die Stendhal 1817 bis zur Erschöpfung entzückt haben.

Das Paris-Syndrom ist die Fortentwicklung dieses Zustandes, hervorgerufen durch die Fortentwicklung unserer Lebensumgebung. Bemerkenswerterweise wird es häufig bei japanischen Touristen konstatiert. Sie haben durch die medial vermittelten Bilderwelten einen falschen Eindruck von Paris. Die Stadt stellt sich bei ihrem Besuch vollkommen anders dar als erwartet. Es ist die Differenz zwischen Erwartungshaltung in Bezug auf einen Raum und dessen tatsächlicher Realität, die dann das Syndrom auslöst. Die japanischen Besucher versuchen sich daher in Fluchtorte zu retten, und schaffen sich in ungeheurem Ausmaß ihre eigenen Bilderwelten, die ihren Erwartungshaltungen entsprechen, und konsumieren die echte Umgebung nur noch via Display von Kamera, Photoapparat oder Smartphone; als säßen sie zu Hause in Japan vor einem ihrer Bildschirme. Eine Schutzreaktion auf den Schock.

Die für dieses Syndrom namensgebende Stadt ist natürlich austauschbar. Florenz, um noch einmal auf die positiven Auslöser des Schwindelanfalls von Stendhal zurückzukommen, wurde einst von Bernardo Bellotto, einem venezianischen Maler des 18. Jahrhunderts, besser bekannt unter Canaletto, gemalt. Es ist nicht überliefert, in welchen Rausch er dabei verfallen ist, aber er hat uns einen Keim hinterlassen, der in Sachen Paris-Syndrom zur Ansteckungsgefahr werden kann: den Canaletto-Blick. Wirft man einen solchen in die Landschaft, zeigt sich, wie Gebäude in Bezug zueinander stehen. Auch wenn der Canaletto-Blick vielfach als Kampfbegriff gegen neue Bauten, die eine landschaftliche Anmutung verändern, gebraucht wird, er braucht das nicht zu sein. Denn es geht nicht um neu oder alt, sondern um Sichtachsen, um Anmutungen, die unser Empfinden für eine räumliche Wahrnehmung ausmachen – also um Rücksicht auf Blicke.

Rücksicht kommt von Respekt, also vom Zurückschauen, was hinter einem geschieht, was man verstellt. Es geht also immer um die Art, wie sich Neues in die bestehende Lebensumgebung einfügt – nicht nur architektonisch, sondern vor allem aus welchem Motiv und für welche Funktion.

Das Paris-Syndrom ist also wohl in viel höherem Ausmaß in ganz anderen Regionen als der französischen

Hauptstadt vorzufinden. Und wenn wir beim Besuch solcher Orte auch nicht gleich im klinischen Sinne erkranken, dann befällt doch viel mehr Menschen als die japanischen Touristen ein gravierendes Unwohlsein.

Es fragt sich daher angesichts des landschaftlichen Potentials für Unwohlsein, Krankheiten und irreführende werbliche Glücksversprechen, wie lange Tourismusregionen eigentlich noch mit Idealansichten werben dürfen, als wären sie von Canaletto gemalt, der neben Florenz vor allem Dresden und andere europäische Städte nur aus dem schmeichelhaftesten Blickwinkel portraitierte? Wohl nicht mehr lange, wenn wir uns die aktuellen Werbebeschränkungen vergegenwärtigen. Das Hamburgische Spielhallengesetz hat gerade verboten, niedliche Goldfische, nette Rauchfangkehrer und vierblättrigen Klee abzubilden. Solche Bilderwelten des Glücks könnten uns in die Irre (und in die Spielhalle) führen, meinen die Urheber. Und schon längst, wie auch die Nichtraucher wissen, dürfen uns Tabakkonzerne keine Raucher bei Abenteuern in schönster Natur zeigen. Nicht, weil es diese Abenteuer in schönster Natur nicht mehr gäbe (und wir uns diese womöglich zurückrauchen wollen), sondern weil die schwarze und kaputte Raucherlunge mehr Authentizität mit dem Produkt bringt.

Würden Regionen, nicht nur Tourismusregionen, sondern fast alle, die etwas zu verkaufen haben, oder in die man geschäftlich reisen könnte, solchen Abbildungsvorschriften unterliegen, und – bei sonstiger Strafe – auch nur noch solch drastische, aber der Wirklichkeit entsprechende Bilder zeigen dürfen, dann wäre es wohl vorbei mit den imaginären Sehnsuchtsorten. Der Mythos, den eine kommerzialisierte Landschafts-Marke transportiert, ist von den Werbeagenturen nicht geschaffen worden, um uns die Wahrheit über eine Landschaft zu erzählen, sondern um diese zu ersetzen. Andernfalls wäre das Hochregallager am Kreisverkehr der verordnete Inbegriff der Authentizität.

Diese Manipulationsgefahr begegnet uns vielfach auch in den Hymnen von Staaten und Ländern. So deren Texte nicht von der heldenhaften Vergangenheit handeln, wird zumeist ein Hohelied auf die Schönheit der Landschaft angestimmt, in der die Sängerinnen und Sänger leben. Die Österreicherinnen waren, was die Modernisierung ihrer Hymne betrifft, in Sachen *Gendern* schon erfolgreich und haben erreicht, dass nicht mehr nur die historischen Leistungen der Söhne dieses Landes besungen werden. Am Schmäh, *begnadet für das Schöne* zu sein, wie es in einer Textzeile heißt, und den Kindern von klein auf in der Schule gelehrt wird, infizieren sie sich (Männer und Frauen gleichermaßen) aber weiterhin.

Hymnen vermitteln ein trügerisches Landschaftsbild, wie es auch durch Maler früherer Tage transportiert wurde. Der österreichische Architekt Friedrich Achleitner erinnert daran: *Man kann behaupten, dass der heutige Städtetourismus zum großen Teil entlang von Wahrnehmungsklischees abläuft, die von den Vedutenmalern des 18. und 19. Jahrhunderts … erfolgreich verbreitet wurden*[5]. Heute sind es die unendlichen Bilderfluten von Landschaften und Lebensumgebungen, mit denen wir so gut wie überall konfrontiert werden, und an denen wir uns nicht zuletzt im Netz berauschen können. Wem also die Bilderfluten entgegenspringen, der konsumiert die mitgelieferten Emotionen. Wer Emotionen konsumiert, macht das Gegenteil von Emotionen ausdrücken. Wer vor diesen Ansichten keine Emotionen ausdrückt, hat kein Gefühl für das von der Umgebung vermittelte Bild. Und wenn es selbst diese Bilder nicht mehr gäbe, wüssten wir nicht mehr, worauf sich die Sehnsucht zu richten hätte. Wir hätten keine Idealvorstellung mehr von unserer Lebensumgebung.

Wo es nicht biedermeierliche Kammermaler sind, die uns ideale Landschaften abbilden, sondern zeitgenössische Photographen, zweifeln wir daher an deren Existenzmöglichkeit. Eine Zeitung hat folgerichtig einen Bericht über eine solche Ausstellung mit imaginierten und ästhetisierten Photographien mit *Zu schön, um wahr zu sein*[6] betitelt. Wir können es nicht glauben, dass es solche Landschaften tatsächlich gibt. Denn was wir wirklich sehen, ist zerschnitten, zersiedelt und zerstört. Warum wir uns das gefallen lassen, dem bin ich in meinem Buch *Mut zur Schönheit*[7] nachgegangen. Die Antwort ist: Im Namen der Wirtschaftlichkeit lassen wir uns alles einreden, und akzeptieren, was uns im ersten Moment abschreckt. Ein Renditeversprechen, gleich für wen, lässt uns schwach werden. Daran hat sich nichts geändert. Aber mehr denn je bildet sich auch der Charakter unserer Gesellschaft in unserer Lebensumgebung ab; und unsere gesellschaftliche Verfasstheit, die sich in der digitalen Welt in einem rasanten Ausmaß ändert.

Das Null-Eins-Denken aus unserer digitalen Welt setzt sich in unserer realen Lebensumgebung fort. Es ist für uns zur Selbstverständlichkeit geworden, dass wir ein Gebäude in die Landschaft stellen können, um zu wirtschaften, so wie wir ein Programm öffnen, um damit am Computer zu arbeiten. Wir klicken die Landschaft gleichsam an, um ein Arbeitsfeld zu eröffnen. Ein reales Feld wird dabei zugleich vernichtet.

Weil es so einfach geworden ist, und die Möglichkeit besteht, Gebäude welcher Art auch immer, in kürzester Zeit zu errichten, brauchen wir auch in diesen Dingen keine überlegte Entscheidung zu treffen. Sie muss nicht auf Langfristigkeit angelegt sein. Die gegenwärtige Maybe-Gesellschaft[8] geht vom *Vielleicht* aus, von der Möglichkeit, die Gebäude so oder anders zu gebrauchen. In den zahlreichen medialen Kanälen, die wir nutzen, haben wir bereits alle Möglichkeiten gesehen, die es an Entscheidungsoptionen gibt. Wir lassen sie uns im Privaten und im Beruflichen so lange wie möglich offen. Wir wissen, wir könnten heute hier und morgen da sein (müssen), und sollten uns daher die Mobilität zu eigen machen, wie es sie in aller Leichtigkeit aber nur das Kapital hat. Eine Gesellschaft, die Ortsgebundenheit als Hindernis empfindet, die gleichsam die Sesshaftigkeit als zivilisatorische Fehlentwicklung begreift, kann die Qualität eines Ortes, seinen Geist, den *genius loci* also, nicht mehr wahrnehmen. Und tatsächlich ist er auch nicht zu sehen, sondern nur zu erkennen. Wir dürfen Weltbürger nicht mit Luftwurzlern verwechseln, die die Mobilität, und damit ist nicht das Umherkommen mittels Reisen zum Erkenntnisgewinn gemeint, zur unabdingbaren Voraussetzung für den Erhalt von Beschäftigung stilisiert haben. *An die Stelle einer lebendigen Kultur ist ein Enzyklopädismus getreten, eine Ansammlung von Kenntnissen und Information, nach der Art eines Fernsehquiz, die nichts anderes als Abstraktionen erzeugen und keine echte kulturelle Identität schaffen, die mit dauerhaften Werten gleich welcher Art verbunden wäre*[9]. Wer sich aufgrund der Austauschbarkeit des Ortes mit der Aneinanderreihung von Nützlichkeiten zufrieden gibt, dem ist gleichgültig, wie es rundherum aussieht. Dieses Credo der Flexibilität überträgt sich ganz intensiv auf unsere gebaute Umgebung.

Wenn wir verinnerlicht haben, die Welt sei global geworden, vergessen wir vielfach, dass sich das nur auf die Konzerne und deren Waren, auf das Kapital und dessen Folgen bezieht. Wir Menschen können nicht in dieser Geschwindigkeit um die Erde flitzen, und sind in unseren kulturellen Unterschieden nicht standardisiert, nicht einmal annähernd, wie wir das von unserer gebauten Umwelt mittlerweile erwarten. Wir wollen reale soziale Netze haben, die uns in einer Umgebung, wie groß sie auch sein mag, verwurzelt sein lassen. Wir vergessen das ob der virtuellen sozialen Netze gerne, oder es ist uns leicht einzureden, dass es eine Verortung nicht braucht, wenn man im globalen Facebook-Dorf wohnt. Wir werden buchstäblich bodenlos, was tatsächlich die Bedeutungslosigkeit des Bodens für uns zur Folge hat.

Es wäre auch überraschend, wenn sich dieser aktuelle Zustand des *Alles-zugleich-haben-wollens-und-das-sofort* nicht in der Landschaft abbildete, wie das in der Geschichte jede gesellschaftliche Verfasstheit getan hat, und sich in dem, was geblieben ist, nachvollziehen lässt. Manche Schichten der Entwicklung lassen sich mühsam noch erkennen, die aktuelle ist gerade dabei, alle bisherigen massiv zu überlagern.

Weil die Vielleicht-Gesellschaft alle Möglichkeiten hat, auch wenn sie nicht dahingehend geprüft werden, welche langfristig wünschenswert sind, und diese Möglichkeiten technisch sofort realisierbar sind, werden sie auch sofort umgesetzt. Ein Wunsch muss mit einem Klick, einem Touch, erfüllt werden können. So verändert sich mittlerweile auch unsere gebaute Lebensumgebung so schnell wie der Content im Netz. Die Vielleicht-Gesellschaft ist daher auch eine Präsenz- oder Gegenwartsgesellschaft. Gebäude nähern sich zunehmend den Lebenszyklen unserer Konsumprodukte an. Sie verändern unsere Lebensumgebung so schnell wie es bei einem – auch vom Menschen getriebenen – organischen Wachstum nie der Fall gewesen ist. Die Gebäude prägen aber die Welt, in der wir leben, viel mehr, als die im Müll landenden Konsumgüterartikel. Der kulturelle Wert, den wir vielem neu Gebauten beimessen, ist jedoch zunehmend ähnlich gering wie ihn unsere Konsumgüterartikel haben. Die Gestaltung der Landschaft rund um uns wird nur noch in dem Zeitraum gesehen (und daher für einen solchen konzipiert), wie sich in demselben das eingesetzte Kapital amortisiert. Wir halten das im globalen Standortwettbewerb inzwischen für vermeintlich alternativlos.

Obwohl das Werkzeug der Präsenzgesellschaft, das Smartphone, Arbeiten und Freizeit in einem Ausmaß zusammengeführt hat, wie es zuletzt bei den Bauern und Handwerkern der frühen Neuzeit der Fall war, gehen uns die kleinräumig durchmischten multifunktionalen Räume verloren. Das Null-Eins-Denken setzt sich in den Räumen fort. Je spezifischer und reiner die Nutzung eines Raums ist, desto effizienter kann sie organisiert werden. Kommunikation und Begegnung, Spielen und Spazieren, hindern beispielsweise den schnellen Verkehrsfluss auf der Straße. Eine agrarische Fläche wird in ihrer Bewirtschaftung behindert, wenn auch Freizeitaktivitäten in ihrem Umfeld stattfinden. In einer Wohnsiedlung, meint man, können Produktionsbetriebe nicht effizient wirtschaften; da geht es daher auch nicht mehr um die ohnedies vernachlässigbaren Emissionen, sondern um die beeinträchtigte Effizienz, was die Erreichbarkeit mit Lkw betrifft. Wir schaffen also weiterhin entmischte Städte und Lebensräume, obwohl wir Arbeiten und Freizeit im Smartphone-Zeitalter manchmal bis zur Gesundheitsschädlichkeit haben zusammenwachsen lassen.

Auf der nächsthöheren Betrachtungsebene vermischt sich dann aber alles in einer unwirtlichen Hybridgegend. Die nehmen wir nur noch ausnahmsweise wahr, weil wir bei unserer Bewegung durch den uns umgebenden Raum in einer Weise abgelenkt sind wie nie zuvor. Natürlich sind die Menschen auch bis vor 20 Jahren nicht immer nur beobachtend durch die Welt gegangen und gefahren. Aber selbst in Gedanken versunken zu sein (und das vielleicht noch vielmehr) wird angeregt und geleitet durch das, was in einem Moment um uns herum ist. Weil wir aber nun ständig abgelenkt sind, treffen Impulse der Umgebung weniger denn je auf uns ein. Wer sich, mit welchem Fortbewegungsmittel auch immer, alleine durch den Raum bewegt, konnte einst nicht anders, als den Blick auf die Umgebung zu richten, ob bewusst oder in Gedanken verloren. Es war fast alternativlos. Zeitunglesende Autolenker und buchlesende Fußgängerinnen waren die seltene Ausnahme. Heute erreicht uns im geringsten Fall eine Vibration in der Hosentasche, die uns zumindest sofort die Entscheidung abringt, ob wir diese Mitteilung jetzt sofort oder erst später lesen. Geschieht dies während konzentrierter Arbeit im Büro, nehmen wir das mittlerweile immerhin als Störung wahr, und drängen für einen Zeitraum alle Möglichkeiten, uns zu kontaktieren, zurück. In der Bewegung durch den Raum scheint uns allerdings gerade das der richtige Moment zu sein, die Interventionen zuzulassen. Sie reißen uns aus unserer Wahrnehmung für die Welt um uns. So wenig wie auf diese Art die vertiefende Lektüre eines Buches möglich ist, so wenig können wir auf diese Weise die Zeit im Raume um uns lesen.

Aber es wäre leicht möglich. Denn *Im Raume lesen wir die Zeit,* schreibt der deutsche Philosoph und Historiker Karl Schlögel[10]. Beim Schreiben der gegenwärtigen Zeit im uns umgebenden Raum tragen wir so dick auf wie noch nie. Viele Signaturen sind nur noch in Spurenelementen vorhanden, nicht immer weil sie so weit zurückliegen. Die Gegenwart ist kein Weiterzeichnen an einem Gemälde namens Landschaft, sie ist gleichsam eine Übermalung des bisher Geschriebenen – und der verbliebenen weißen Stellen. Sie sind längst nicht mehr terra incognita. Die auf alten Karten an diesen Stellen unbekannter Landstriche abgebildeten Ungeheuer und Monster haben wir nicht erlegt, sondern bloß verwandelt. Sie tauchen jetzt plötzlich auch an allen anderen Stellen auf; als unendliche Addition allen Materials, das wir in unsere Lebensumgebung stellen. Alles kann uns überall begegnen – jederzeit:

Im Netz ist alles überall möglich. Jedes bisherige Medium kann sich an jeder möglichen Stelle finden.

In unserer realen Umgebung bildet sich dieser hybride Raum in gebauter Form ab: Jeder Gebäudetyp findet sich überall.

Im Netz gibt es keine klare Gliederung. Es ist ein Grundrauschen an Informationen.

In unserer realen Umgebung entsteht ein Siedlungsrauschen. Wir überziehen die ganze Landschaft mit unserer gebauten Infrastruktur und verlieren beschreibbare Räume.

Im Netz ist Aufmerksamkeit ein Selbstzweck – das Subjekt wird zum eigenen Werbeobjekt.

In unserer realen Umgebung stehen Gebäude nur noch als Hinweis auf sich selbst – sie werben für sich.

Im Netz überwiegt die Anonymität.

In unserer realen Umgebung gibt es keine Gebäude, die von identifizierbaren Personen zu verantworten sind. Sie entsprechen nur den Umständen und den Notwendigkeiten der Wirtschaft, nicht einem Erbauer – sie präsentieren sich und repräsentieren niemanden. Sie bleiben anonym.

Im Netz verschwindet durch die Anonymität die Öffentlichkeit.

In unserer realen Umgebung bauen wir den zentralen öffentlichen Ort, den Stadt- oder Dorfplatz, nur noch als Kulisse für die Shoppingmall am Flughafen. Sie steht nur noch für Anonymität, nicht für Öffentlichkeit.

Im Netz ist das Digitale eine Aneinanderreihung. Die Timeline erzählt uns keine Geschichte, sie addiert nur nichtalternde Daten.

In unserer realen Umgebung addieren wir nur noch uns nützende Bauten – wir erzählen damit keine Geschichte eines Ortes.

Im Netz schauen wir durch die Datenbrille und reduzieren die gesamte Lebensumgebung auf (vermeintlich nützliche) Informationen.

In unserer realen Umgebung brauchen wir daher nichts, was nicht zählt. Denn das Sein fällt mit Information vollständig zusammen[11].

Im Netz leben wir ein undingliches Leben[12] – es benötigt nur ein Fingern auf dem Bildschirm, kein Handeln[13].

In unserer realen Umgebung spielt das dingliche Leben daher keine Rolle mehr.

Im Netz berauschen wir uns.

Für unsere reale Umgebung können wir die Folgen nicht abschätzen.

Die digitale Welt, in die wir geflüchtet sind, ist eine unkörperliche. Zwar gibt es dort sehr viele Körper zu finden (und sie sind es auch, die am meisten gesucht werden), aber es ist Sex ohne Körperlichkeit. Und diese mangelnde Körperlichkeit haftet auch allen anderen Inhalten an. Die Identität entsteht nicht mehr über die Körperlichkeit des eigenen Ich, der engsten selbst mitgestalteten Lebensumgebung. Sie resultiert aus dem digitalen Profil, das wir uns auf der Timeline unseres Lebens zurechtgelegt haben.

Ein paar Einträge in dieser Timeline, ein Blogeintrag vielleicht, ein Twitterstream, das alles würde womöglich ausreichen, um ein paar Gedanken, die bis zum Ende dieses Buches folgen, darzulegen. Damit wäre die Analogie zu unserer Lebensumgebung wohl besser dargestellt. Das

Buch aber ist eine Form, in der wir Gedanken durch unterbrechungsfreies Nachdenken entwickeln können, wie es eine ideale Landschaft ist, die sich zu unserem Glücklichsein entwickeln soll. Es ist also die Suche nach einer Balance zwischen Speicher und Strom, Innehalten und Fluss, wie wir sie in unserer Lebensumgebung nicht mehr finden[14].

Das smarte kabellose Informationszeitalter hat den *Ort,* an dem wir arbeiten, wohnen, durch den wir uns bewegen, bei Weitem nicht irrelevant werden lassen, wie uns das in der Frühphase der Büro-in-der-Westentaschen-Zeit zur Jahrtausendwende vielfach eingeredet worden ist. Es hat *Raum* ganz grundsätzlich nicht irrelevant werden lassen. Ich mache mir zuweilen in meinem Smartphone Notizen zu einem Gedanken, der mir in U-Bahn oder Kaffeehaus in den Sinn kommt. Vielfach erschließt sich mir später nicht mehr, worauf ich da hinauswollte. Der notierte Gedanke erscheint dann plump oder nicht mehr nachvollziehbar – und wird gelöscht. Das mag bei den handschriftlichen Notizen am Fuße einer Buchseite, auf einem herausgerissenen Zeitungsrand, auf der Rückseite eines Parkscheins oder auf der Kaffeehausrechnung auch so sein. Ist es aber wesentlich seltener. Der Gedanke ist in einer körperlichen Welt verortet, die mir sofort wieder alle Assoziationen erschließt, die mich einst bei der Niederschrift begleitet haben.

In meiner früheren überschaubaren CD-Sammlung wusste ich an welche Stelle, an welchen *Ort* ich greifen musste, um eine bestimmte Musik, ein spezielles Stück, hören zu können. In den digitalen Ordnern finde ich jetzt nur die richtige Klangfarbe, die mir in einer Stimmung und Situation passend erscheint. Es ist der unspezifische, allgemeine, wolkige Zugang in die *cloud.* Die Wolke in ihrer sich ständig verändernden Form, in ihrer Unfassbarkeit von Ausdünnung und Verdichtung ist die Abbildung unserer Lebensumgebung.

Uns hat immer verändert, was wir erfunden und benutzt haben: Dampfmaschine und Automobil, Schriftkultur und Buchdruck. Diese zivilisatorischen Schritte haben uns verändert – und wir haben in der Folge unsere Lebensumgebung verändert. Ganz deutlich ist der Zusammenhang mit der Umwelt beim Automobil sichtbar. Aber es ist eine lineare Veränderung, in der wir Ursache und Wirkung ausmachen können: Für die Autos braucht es befestigte Straßen, für mehr Autos braucht es breitere Straßen, und in den Ballungszentren Parkhäuser über oder unter der Erde, in die wir sie stellen können. Das Resultat, das durch diese Möglichkeit beschleunigten Ortswechsels entsteht, ist in unserer gebauten Lebensumgebung klar sichtbar. Das ist seit dem letzten großen Schritt, der das Leben unserer Gesellschaft prägt, nun nicht mehr der Fall. Die Digitalisierung all unserer Lebensbereiche scheint eine unkörperliche, eine nicht zu ver-*ortende* Entwicklung zu sein. Wie das Notizen- oder CD-Beispiel zeigt, ist es aber nicht so. Und wie wir uns jetzt ansehen, trifft das auch für die Veränderungen in der weiteren Welt rund um uns nicht zu, auch die aktuelle gesellschaftliche Entwicklung ver-*ortet* sich. Die Art unseres Handelns, Entscheidens und Lebens schlechthin, wie es durch die Digitalisierung verändert wird, prägt ganz deutlich, wie wir mit der gebauten und gemachten Landschaft umgehen. Die Digitalisierung hat uns einer konkreten Gewissheit beraubt. Wir konnten uns bisher sicher sein: Die einzige Konstante in unserer Entwicklung ist die Veränderung. Die Konstante gibt es allerdings nicht mehr.

Das Wesen der Veränderung hat sich wesentlich geändert. Sie geht nicht mehr in eine, wenn auch unvorhersehbare, Richtung, angestoßen durch – zumeist erst im Nachhinein feststellbare – Impulse. Die Veränderungen sind viel verwirbelter und disruptiver, Partizipation und Adaption in Echtzeit (um diesen zwar gebräuchlichen, aber vernebelnden Ausdruck für Gleichzeitigkeit zu verwenden) lassen uns die Kontrolle über die Entwicklung verlieren. Die Zeitspannen der Richtungsänderungen aller Entwicklungsschritte verkürzen sich auf Null, und sind somit unsere ständig erlebte Gegenwart. Um es uns erträglicher zu machen, entwickeln wir eine ausgefeilte Ideologie der permanenten Veränderungsbereitschaft. In dieser findet auch unsere Lebensumgebung abseits von Bytes und Information, also die von Bauen und Beton ihren Platz. Das Problem ist, dass wir sie für so reversibel halten, wie all die digitalen Veränderungen. Und, wir bemerken gar nicht, wie sich durch eine vermeintlich unsichtbar veränderte Informationswelt auch die sichtbare und gebaute Lebenswelt langsam verändert.

Im realen Raume gehen Veränderungen oft unmerklich vor sich. Es ist – trotz aller Radikalität – für den Vorbeikommenden ein Prozess über Wochen und Monate, manchmal über einige Jahre. Die Veränderung geschieht so unmerklich wie das Größerwerden der eigenen Kinder, das man zwar ständig vor Augen hat, aber nicht wirklich bemerkt. Viel eindrücklicher ist es bei fremden Kindern. Kommt gelegentlich die Nichte zu Besuch, erstaunt der plötzlich fehlende Milchzahn, die verschwundene kindliche Stimme. Sieht man sie nur über größere Zeitabstände hinweg, erkennt man erst ihre Entwicklung. So ist es auch in unserer gebauten

Lebensumgebung. An jenen Gegenden, in die wir immer wieder, aber doch nicht allzu oft kommen, an die wir Erinnerungen und emotionale Bindungen haben, an diesen Gegenden können wir die Veränderung am besten ablesen. Nur mit dem Blick, der ein Zurücktreten – auch im räumlichen Sinne – erfordert, sehen wir gelegentlich, wie eine Landschaft kippt oder schon gekippt ist.

Es ist paradox: Je mehr wir selbst über die gesamte Anmutung einer Region bestimmen können, und das ist uns in gegenwärtiger Intensität, Nachdrücklichkeit, Geschwindigkeit und technologischen Leichtigkeit erst seit der zweiten Hälfte des 20. Jahrhunderts möglich – seit wir also so sehr das Aussehen unserer Lebensumgebung bestimmen können, verliert der reale Raum seine Bedeutung für uns. Wir müssen uns um ihn nicht mehr kümmern, wir haben ihn uns angeeignet. Aber wir scheuen uns, daran zu denken. Ein Grund liegt darin, dass *Lebensraum* seit 1945 begrifflich kontaminiert ist. Aber auch jene, die mit Raum nicht sofort *Volk* und *Osten* in Verbindung bringen, vermeiden die Befassung mit seinen Qualitäten. Denn er muss nur noch *eine* Qualität haben: Seit dem ausgehenden 20. Jahrhundert ist unsere Lebensumgebung zu einem einzigen *Arbeitsraum* geworden. Wir versichern uns, immer und überall arbeiten zu können, entkoppelt von einem konkreten Raum. Alle Ruheplätze, und damit auch Mußezeiten, dienen nur der Leistungssteigerung von Arbeit. Aller Raum ist damit auf eine einzige Funktion hin ausgerichtet, selbst wenn es ein Strand ist. Es kümmert uns also nicht, wenn es dort genauso aussieht wie im Büroviertel, wo wir noch den Vortag verbracht haben, solange uns gebaute Zitate von Schönheit, Freizeit und Entspannung angeboten werden.

Erstmals in der Geschichte unserer Gesellschaft erheben wir – getrieben von der Digitalisierung – den Anspruch, dass alles überall möglich sein muss. Gleichzeitig macht es uns traurig, dass wir ständig darauf hingewiesen werden, auch Billionen anderer Lebensumgebungen wären möglich, in denen wir uns aufhalten und in denen wir leben könnten: in der Stadt *und* auf dem Land; in der urbanen Anonymität *und* in der kontrollierten Geborgenheit; im Penthouse mit Blick auf die Lichter der Stadt *und* in der Zirbenstube mit Blick in die Schneewechte; im coolen Modernismus *und* im niedersächsischen Fachwerkbau – vermeintlich alles gleichzeitig, in *einem* Leben. Die mediale Vermittlung dieser Leben macht uns glauben, das wäre tatsächlich möglich.

Das ist eine neue Sicht auf die Welt, und dieser Paradigmenwechsel vollzieht sich parallel in der gebauten Umgebung. Bei solchen Paradigmenwechseln ist es für den Einzelnen schwierig, den Umbruch überhaupt zu erkennen; für die nächste Generation wirkt es bereits, als wäre es immer schon so gewesen. Die meisten können sich nicht vorstellen, dass ihre Umwelt einmal gründlich anders ausgesehen hat, sie haben diese Bilder im eigenen Kopf höchstens noch in Schwarzweiß gespeichert.

Nur selten – eben dann, wenn wir in der richtigen Frequenz an einen Ort kommen, seine Veränderung und damit den Paradigmenwechsel in der Landschaft bemerken, sind wir erstaunt und rufen aus: *Wo leben wir denn?* Natürlich wird diese Wendung meist im übertragenen Sinn gebraucht. Denn die Frage richtet sich zumeist mehr auf das *Wie* dieses Lebens. Und sie ist eher rhetorisch gemeint, denn sie gibt sich gleich selbst zur Antwort: So sicher nicht! Wir gebrauchen diese Phrase aber nicht nur im Kampf mit dem Unbill, den uns der Alltag oft zumutet. Wir reagieren damit auf die Zumutungen, die uns als Gesellschaft entgegengebracht werden, und die sich vermeintlich gar nicht verorten lassen. Was ist schon die Veränderung eines Ortes, wenn wir vom globalen Dschihadismus bedroht werden. Die Antwort ist, er kümmert uns nicht, solange er nicht näher kommt und uns vor unserer Haustür betrifft. Somit sind wir doch schon wieder an einem Ort – und dabei, wie dieser, auch ganz äußerlich, aussieht. Alle gesellschaftlichen Entwicklungen lassen sich verorten. Denn *wo* wir leben, damit ist wiederum nicht der Breitengrad gemeint, sondern die von uns geschaffene Umgebung, bestimmt in höchstem Maße, *wie* wir leben. Der Charakter der Gesellschaft spiegelt sich in dem, welche Bauten sie rund um sich schafft. Die Umgebung, bestehend aus Landschaft und Gebäuden, ist die wichtigste Bezugsgröße: Die Welt, in der man lebt. Ehe nationalstaatliche Grenzen so hermetisch wurden, dass wir sie als Eiserne Vorhänge bezeichneten, war die Topographie der Landschaft eine viel wichtigere Bezugsgröße als die Zugehörigkeit zu einem Gebiet gleicher Normen oder Währungen. Der Gebirgszug, die Seenlandschaft oder die Tiefebene mit ihrem zentralen Fluss verband Menschen viel mehr, als politische Grenzen sie trennten. Nach Ende dieser engmaschigen Grenzen in Europa (und das war nicht nur der Eiserne Vorhang zu den Kommunistischen Ländern) sind es nun, wie wir sehen werden, nicht mehr Flüsse, die integrative Wirkung haben. Für uns sind es *Wirtschaftsräume*, aus denen wir die Landschaft definieren – das zeigt schon, wohin uns die weiteren Beobachtungen führen werden. Vorerst ist es aber für unser hier zugrunde gelegtes Verständnis von Landschaft gleichgültig, ob es sich um ein Tal, ein Becken oder einen Wirtschaftsraum handelt, von dem wir die integrative Funktion der Landschaft ableiten. Wichtig ist zu sehen, dass für unser Leben der Staat immer abstrakt ist, so sehr uns seine Normen in bestimmten Situationen auch treffen mögen. Konkret ist nur die Landschaft, in der eine bestimmte Atmosphäre herrscht, durch Sprachfärbung, Bräuche, Pflanzen und Temperaturen, und in jüngerer Zeit vor allem durch die dort befindlichen Bauten in Form von Häusern oder Infrastruktur. Die Landschaft wird von Gewerbeparks oder Windrädern, von Schigebieten oder Siedlungsraum geprägt. Und weil es in der Menschheitsgeschichte noch nie so viele Gebäude gegeben hat, ihre Kubatur, ihre Zahl und die dafür verbrauchte Fläche noch nie so schnell gewachsen sind, lohnt sich ein Blick darauf.

Mit der gleichen liberalen Haltung, wie wir der Zeit ihre Kunst zugestehen (und der Kunst ihre Freiheit), akzeptieren wir, dass die Zeit eine spezifische Gestaltung unserer Umgebung hervorbringt. Wir meinen, jede Kunst findet die Gesellschaft, die sie verdient – und das sagen wir auch über die Mit-Gestalter unserer Lebensumgebung: über die Politiker. Während diese aber einmal abtreten, und die Kunst in den Museen für unterschiedliche Geschmäcker und Vorlieben verschwindet, bleibt unsere Lebensumgebung weitgehend erhalten. Nicht durch Konservierung des Historischen, sondern durch die immense Produktion in der Gegenwart, die – allein aufgrund ihrer Intensität – weit in die Zukunft wirkt. Es ist so viel, dass kaum etwas davon wieder verschwindet. Es verschwindet nur eine Art von Anmutung der Lebensumgebung, und zwar die, die der aktuellen Verfasstheit unserer Gesellschaft entgegensteht. Da wäre es dann ganz gut, gäbe es ein Museum für eine schöne Landschaft.

Wir gehen und helfen den kleinsten Veränderungen des menschlichen Verhaltens nach, suchen die richtigen Logarithmen dafür – und nützen das, meist kommerziell, aus. Getrieben von den faszinierenden Möglichkeiten der digitalen Welt, durch die so viele Abläufe unseres Lebens neu, anders, und im besten Fall ökologisch nachhaltig gesteuert werden können, übersehen wir ganz, dass sich auch die reale Welt rund um uns ebenso radikal verändert.

Fehlentwicklungen im digitalen Leben lassen sich vergleichsweise leicht korrigieren. Die Entscheidungsfindung mag zwar schwierig sein, etwa wenn es darum geht, einen Monopolisten zu zerschlagen, oder als Nutzer eines Sozialen Netzwerks darauf zu drängen, dass so manche Funktion geändert wird. Ist das jedoch einmal geschafft, ist die digitale Welt auch schnell wieder umprogrammiert.

In unserer gebauten, realen Welt ist das wesentlich schwieriger. Sie steht für die Ewigkeit, auch wenn es auf den ersten Blick vielfach gar nicht so aussehen mag. Wo etwas entstanden ist, bleibt es zumindest solange wir leben, also für unsere Ewigkeit, da wir für die vielen Dinge, die wir in die Welt setzen, keinen Entsorgungsbeitrag bezahlt haben. Wirtschaftlicher ist es, vorerst einmal alles stehen zu lassen. Denn für das vermeintliche *Nichts* auch noch Geld in die Hand zu nehmen, widerspricht der wirtschaftlichen Logik.

Auf diese Weise sammeln sich momentan in der Welt, eine ganze Menge Bauten an. Von den meisten wissen wir aber schon lange, welche Folgen sie haben. Wer einmal durch heruntergekommene Banlieus, die es nicht nur in Frankreich gibt, gegangen ist, kann sich kaum vorstellen, mit welcher Bildungs- oder Integrationspolitik sich hier Probleme des Zusammenlebens lösen lassen sollten. Und wer an einem

Einfamilienhaus weit draußen am Land vorbeikommt, das mit Solarpaneelen bestückt ist, erkennt an den beiden Pkw im Carport, die für die Erreichbarkeit des Hauses unabdingbar sind, dass sich die energiepolitischen Überlegungen des Bauherren (mit hoher Wahrscheinlichkeit war es keine Frau), seinen CO_2-Fußabdruck betreffend, ad absurdum führen.

Wandel schafft neue Denkmuster und Entscheidungsverhalten. Und das wiederum beeinflusst deutlich unsere Lebensumgebung. Aus welchen Motiven wir in dieser Form mit unserer Umgebung umgehen, und wie sich diese dann wiederum auf uns auswirkt, darum geht es in diesem Buch, um die scheinbar einfache Frage: *Wo leben wir denn?* Werfen wir daher zu Beginn einen Blick auf den Charakter dieser ständig bauenden Gesellschaft: also auf ihre Verfasstheit.

I. UNSERE VERFASSTHEIT

Wenn du lange in einen Abgrund blickst, blickt der Abgrund auch in dich hinein. – Friedrich Nietzsche

Die Erde in unserer Hand

Die Gestaltung unserer Lebensumgebung, das Siedeln der Menschen, das Bauen öffentlicher Infrastruktur wie Straßen oder Wasserleitungen, war nie darauf ausgelegt, dass wir uns wohl fühlen, dass es schön und gemütlich ist. Schon immer war es eine Frage des Möglichen. Was geht, das wird auch gemacht. Je größer, je schneller, je billiger – desto besser. Bis heute setzt sich im Bild unserer gestalteten Lebensumgebung und Landschaft nicht das rechtlich Gewünschte durch, oder gar das emotional Gewünschte, sondern das faktisch Mögliche. Bis vor einigen Jahrzehnten hat es eine solche Fülle an Regeln, Gesetzen, Verordnungen und Ingenieursnormen auch gar nicht gegeben, dass man den Eindruck hätte gewinnen können, es geht zumindest um das rechtlich Gewünschte. Aber selbst mit dieser Fülle, die von den Betroffenen meist nur als Schikane gegen die Verwirklichung ihrer Individualität, ihrer Kreativität oder ihres wirtschaftlichen Strebens ausgelegt wird, ist es doch wieder nur der ökonomisch oder militärisch Stärkere, der sich durchsetzt – und am Ende die gestaltete Lebensumgebung prägt.

Trotzdem brachte diese Entwicklung über viele Jahrhunderte für die Umgebung, in der die Menschen lebten, keine großen Änderungen mit sich. Wenn man das Land (als Gegensatz zur Stadt) betrachtet, war dessen Anmutung im Mittelalter eine ähnliche wie etwa um 1700. Und auch Ansichten, die 250 Jahre später entstanden sind, also nach Ende des Zweiten Weltkriegs, lassen vielfach eine Datierung nur zu, weil das Medium, auf dem die Abbildung zu sehen ist, kein Holzstich, sondern eine Photographie ist. Die Anmutung der ländlichen Welt war ähnlich wie zuvor.

Ganz anders die Entwicklung in den wenigen Jahren, die zwischen 1990 und 2015 liegen. Es sind Jahre, in denen wir die Anmutung unserer Lebensumgebung so radikal verändert haben wie nie zuvor in der Menschheitsgeschichte. Nie zuvor ist so viel Boden so schnell versiegelt worden, wie die Geographen das Asphaltieren, Zubetonieren oder Schottern nennen – also das Verschwinden natürlichen Bodens durch Häuser, Hallen, Brücken, Straßen, Parkplätze oder Swimmingpools. Und nie zuvor ist so viel Kubatur entstanden, wie Architekten den Raum nennen, der durch ein Bauwerk, gleich welcher Funktion, entsteht.

Und das, obwohl sich die Gesellschaft in diesem Vierteljahrhundert weniger tiefgreifend verändert hat, als zwischen zwei viel weiter auseinanderliegenden Vergleichspunkten in der Vergangenheit. Dennoch haben wir in den wenigen Jahren rund um die Jahrtausendwende das Ende einer ländlichen Kultur erlebt, wie sie seit Jahrhunderten bestanden hat. Ein gesellschaftlicher Wandel, den es in der Geschichte immer wieder – und auch immer wieder ganz radikal – gegeben hat, bedingt also nicht einen damit einhergehenden radikalen Wandel der gebauten Umgebung und damit eine Verhässlichung unserer Welt, die zunehmend unwirtlich wird und uns abstößt.

Diese Verhässlichung geschieht, weil uns technologisch keine Grenzen mehr gesetzt sind; weil wir uns die Welt tatsächlich untertan gemacht haben. In den 1950er Jahren ist uns diese Kraft schmerzlich bewusst geworden. Als die Amerikaner und kurz darauf die Sowjets Wasserstoffbomben testeten, mit denen sich die Menschheit plötzlich mit einer nie dagewesenen Leichtigkeit zur Gänze hätte in die Luft jagen können, waren wir nicht nur von einer enormen militärischen Bedrohung erschreckt, wie sie die Geschichte – wenn auch nicht so final – immer wieder geboten hat. Erschreckt hat vor allem der Umstand, das Leben auf diesem Planeten, unser aller Leben also, in der Hand zu haben und darüber – technologisch gesehen – vergleichsweise leicht verfügen zu können. Es verwundert, dass uns ein halbes Jahrhundert später dieselbe Möglichkeit, nun nicht militärisch, sondern ganz zivil gedacht, nicht ebenso erschreckt. Denn erstmals in der Menschheitsgeschichte ist es uns möglich, den gesamten Planeten mit unserer Zivilisation zu überziehen, die Oberfläche so zu gestalten, dass sie uns keinerlei Überraschungen mehr bietet. In gleichem Maße wie wir die gefährlichen und manchmal todbringenden Überraschungen eliminieren, verschwinden auch alle glückbringenden und schönen Überraschungen, die die Welt sehr wahrscheinlich bereithält. Wir streben es an, dass sich die Welt so verhält, wie wir das wollen – oder zumindest so, dass wir es vermutlich voraussagen können. Wir haben es in der Hand. Technologisch vergleichsweise leicht. Alle Unwägbarkeiten, die die Natur bereithalten würde, bekommen wir in den Griff: ungeplant, achtlos, verschwendend und unsere Umgebung immer hässlicher machend.

Der Mensch erscheint im Holozän heißt ein Buch von Max Frisch. Seine Welt verschwindet im Anthropozän. Diese Epochenbezeichnung ist zwar kein exakter Begriff der

Erdwissenschaften, aber er hält dort Einzug. Geprägt wurde er vom Geologen Paul Crutzen, der für die Entdeckung des Ozonlochs 1995 den Nobelpreis erhielt[15]. Gemeint ist damit das Erdzeitalter, in dem alles biologisch, geologisch und atmosphärisch Neue vom Menschen gemacht ist – also die Epoche, in der wir gerade leben. Bemerkenswerterweise hat sie nicht mit dem negativen Zeitpunkt begonnen, zu dem es der Mensch theoretisch in der Hand hatte, die ganze Welt zu vernichten, sondern zu einem vermeintlich ganz positiven: Rund um die letzte Jahrtausendwende, infolge des Jahres 1989 und dem Siegeszug des globalisierten Kapitalismus, seit der Mensch durch seine gewaltige Kraft seine Lebensumgebung nach seinen Vorstellungen schaffen kann. Aber so positiv, wie das scheint, ist es nicht. Denn wir halten das *Machen-können* für derart positiv, dass ständig *Machen-sollen* daraus resultiert.

Als erste Stunde der großflächigen Landschaftsarchitektur (abseits kaiserlicher Schlossparkanlagen) gilt vielen die Anlage des quer durch das südliche Frankreich führenden Kanals, *Canal du Midi*[16]. Er erwuchs aus dem *Machen-können*. Erstmals war es möglich, ein so gigantisches Bauwerk über 240 Kilometer Länge zu errichten. Für die Möglichkeiten im 17. Jahrhundert war das ein gewaltiger Eingriff in die Landschaft. Aber es war letztlich kein brutaler Schnitt, weil die Maßstäbe ganz andere waren: Der Transportweg von einst ist heute eine Wasserstraße, auf der Urlauber in Booten die Seele baumeln lassen. Wo Güter von der Atlantikküste zum Mittelmeer gebracht wurden, erstreckt sich jetzt eine wohlig anmutende Landschaft; denn mit dem größten Bauprojekt des Sonnenkönigs ging die Pflanzung von 60 Tausend Bäumen einher. Das war gar nicht als verschämte

Behübschung für den landschaftlichen Eingriff gedacht, sondern als Befestigung der langen Uferpartien, also gleichsam als technische Notwendigkeit. Und doch war die Notwendigkeit vielfach näher an der ursprünglichen Landschaft und sanfter in diese eingebettet, als es etwa die absurde Idee ist, mit der in den Schweizer Alpen die Landschaft zerschnitten werden soll. Im kleinen, gerade einmal Tausend Einwohner zählenden Ort Vals im Kanton Graubünden, will ein Steinbruchunternehmer gemeinsam mit einem Investor (da ahnt man schon die Richtung, in die es geht) einen 82-stöckigen Wolkenkratzer errichten[17]. Da bei solchen gigantomanischen Projekten nur der Superlativ gut genug ist (wer will schon das zweihöchste Haus Europas bauen?), muss das Dorfhochhaus selbstverständlich das bislang höchste europäische Gebäude (537 m), es steht in Moskau, unter sich lassen. Aus gutem Grund ist bis dato ein solches Projekt rechtlich an diesem Ort vorerst nicht möglich. Aber wessen Unternehmen gleich die Postleitzahl des Ortes, in dem man tätig wird, als Namen führt, es heißt schlicht 7132 AG, zeigt, wie es um die Machtansprüche steht – und was man sich von den Stimmbürgern erwartet, zu deren Vorteil das alles vordergründig sein soll.

Dieses Vorhaben belegt, wie das technologisch mögliche *Machen-können* in *Machen-müssen* umschlägt. Es *muss* doch möglich sein, argumentieren die Betreiber, solcherart auch hier zu bauen. So zeigt sich an einem solchen Bauvorhaben auch beispielhaft die Verfasstheit unserer Gesellschaft, als wären alle ihre Zutaten in eine hochhausähnliche gläserne Eprouvette gefüllt, die wir uns im Labor genau ansehen können; oder in diesem Buch, deren vier wesentliche Kapitel sie ausmachen.

Wie wir uns ***verzetteln***, zeigt die rhetorisch gemeinte Frage des Turmplaners, warum der Bau von Hochhäusern nur Städten vorbehalten sein soll. Es ist die naive Frage des vermeintlichen Freigeistes, der meint: Alles soll überall immer möglich sein. Sie geht einher mit dem Unwillen, Grenzen zu ziehen – oder sie überhaupt zu erkennen. Hier heißt es in einer billigen Floskel: Unsere Grenze ist der Himmel.

Auch wie wir ***verschwenden***, zeigt dieses Alpen-Projekt. Selbst auf der kleinen Grundfläche von 18 mal 31 Metern (vermeintlich sparsam) lässt sich Landschaft im größten Stil verbrauchen. Es geht um mehr als 558 Quadratmeter. Die Helikopter-Touristen (im Visier sind solche, die bereit sind, 24.000 Euro pro Nacht zu zahlen) brauchen nur noch einen Landeplatz.

Damit lassen wir vieles ***verschwinden***. Es verschwindet etwa genau jene grandiose Natürlichkeit der Umgebung, deren Anblick aus dem Gebäude heraus quasi vermehrt werden soll. Es ist ein verbrauchender Genuss. Die bisherige Anmutung der Lebensumgebung aller Menschen dort wird nicht weiterentwickelt, sondern durch ein weithin sichtbares arrogantes Zeichen der extremsten Form ökonomischer Ungleichheit beendet. Wir lassen in vielen Fällen zu, dass im wörtlichen Sinne *in die Landschaft investiert* wird, und jemand daraus Rendite zieht, was allen anderen verloren geht.

Und das ist deshalb ein Stück leichter möglich, weil wir ***verblöden***. Wer einen Glasturm, wie er auch von Manhattan über Dubai bis Shanghai gewiss ähnlich zu finden ist, ungestraft als Hommage an die schmalen und schlanken Giacometti-Figuren interpretieren kann, und Zweiflern ausrichtet, dass es auch eine Schönheit gibt, die über die menschlichen Vorstellungen hinausgeht, hat schon viel gewonnen. Der kann uns dann auch gleichsam den Stinkefinger zeigen und selbigen überdimensional in die Landschaft stellen. Weil wir Kapitalismus aber schon länger als Spektakel erfahren, stören wir uns ob dieser Geste gar nicht allzu sehr und sehen mehr den Spaßfaktor, den dieser Eingriff in der Lebensumgebung hervorruft. Es ist ein Gebäude wie ein Event – von dem der Normalbürger aber nicht nur wegen der Zimmerpreise ausgeschlossen ist. Zu viele Schaulustige, die daraufhin nach Vals kommen könnten, sollen durch Zugangsbeschränkungen in den Ort abgehalten werden, damit die zahlenden Gäste in Ruhe mit dem Heli aufsetzen können. Da fragt sich, wie viel Geld glückliches Leben in einer Landschaft verträgt.

Wer bei dieser Gelegenheit Sorge um sich hat, als unmodern zu gelten, kann sich an Adolf Loos und seine *Regeln für den, der in den Bergen baut*, halten: *Fürchte nicht, unmodern gescholten zu werden. Veränderungen der alten Bauweise sind nur dann erlaubt, wenn sie eine Verbesserung bedeuten, sonst aber bleibe beim Alten.*[18]

Die Möglichkeit, an jedem noch so abgelegenen, unerreichbar erscheinenden Ort, in höchster Höhe und tiefster Tiefe, in eisiger Kälte und brütender Hitze unsere Pflöcke einzuschlagen und Infrastruktur zu errichten, ist uns in den letzten 25 Jahren selbstverständlich geworden. Noch in der Nachkriegszeit sind Menschen zu den Leistungen der Ingenieure gepilgert und haben mit Staunen ein Speicherkraftwerk oder eine Passstraße bewundert. Das waren Sensationen. Und mein Großvater posiert auf einem alten Photo tatsächlich vor seinem Automobil, als Beweis, dass der Kühler auf der Passhöhe nicht kochte. Durch menschliches

Streben wurde die Natur bezwungen. Selbst wer heute den höchsten Berg der Welt erklimmt, wird als Massentourist nur noch milde belächelt. Bei der Überquerung des Arlbergpasses in Österreich ist man nicht mehr auf die Wohltätigkeit Heinrich Findelkinds angewiesen, der im 14. Jahrhundert in Schneestürmen verirrte Reisende zu einer warmen Suppe ins rettende Hospiz geholt hat. Es könnte hier an einer achtspurigen Schnellstraße auch eine Mautstation wie auf dem Brenner stehen. Und es gibt sie nur deshalb nicht, weil sie das Ambiente des Luxushotels, das aus dem Hospiz geworden ist, stören würde. Es sind Zitate der Schönheit, Freizeit und Entspannung, die uns diesen *Arbeitsraum* verschleiern. Der Erhalt von Natürlichkeit und die Bewegung darin sind zum Privileg der Wohlhabenden geworden; man will doch nicht dem erdbebengleichen Eingriff durch den Verkehr ausgesetzt sein.

Der Verkehr ist mittlerweile eine geologische Macht, die der Gewalt eines verheerenden Erdbebens in nichts nachsteht[19]. Als im Deutschen Museum in München 2015 die Ausstellung „Anthropozän"[20] stattfand, war eine Erkenntnis daraus: Wir Menschen sind es, die mit dem Autoverkehr und der dafür notwendigen Infrastruktur den Planeten überziehen können. Und weil uns im Menschen-Erdzeitalter so selbstverständlich ist, die allergrößten und intensiven Eingriffe in die Gestalt der Erdoberfläche vornehmen zu können, gehen wir mittlerweile davon aus, dass für ein nicht-metaphorisches, sondern tatsächliches Erdbeben auch Menschen verantwortlich sind. Manch einer vermutet sogar, dass die Hauptursache zumindest für die unerwartete Stärke des Erdbebens in China im Jahr 2008 die in der Nähe erfolgte Konstruktion des gigantischen Bauwerks des Drei-Schluchten-Damms war[21]. Als geologische Instanz auf der Erde müssen wir doch ein Erdbeben verstärken, oder auch beherrschen können.

Das exponentielle Wachstum unserer Freiheit und unserer Macht zeigt ein paradoxes Ergebnis: Wir produzieren Katastrophen, für die wir mitverantwortlich sind. In gleicher Weise kapitulieren wir aber, weil wir uns damit abfinden, dass unsere Freiheit und Macht – die jedes Einzelnen – nicht ausreicht, etwas zu verändern. Werden wir mit einer von menschlichem Handeln tatsächlich nicht beeinflussten Katastrophe heimgesucht, einem Erdbeben etwa, empfinden wir es bereits als unerträglich, dafür keine Verantwortlichkeiten zu finden.

Als 2009 im italienischen L'Aquila die Erde bebte, mehr als 300 Menschen ums Leben kamen und die Häuser von fast 70.000 zerstört wurden, manifestierte sich die Selbstverständlichkeit der Beherrschung der Welt in einer Anklage gegen die Wissenschafter, die diese Katastrophe nicht verhindert hatten. Trotz des Protests von 5000 ihrer Kollegen aus aller Welt wurden sie in erster Instanz zu mehrjährigen Haftstrafen verurteilt. Das Urteil wurde allerdings später in nächster Instanz aufgehoben. Aus der gleichen Verfasstheit, die eine Gesellschaft dazu treibt, ihre Wissenschafter für ein Erdbeben zur Verantwortung zu ziehen, resultiert die Verstörung, wenn auf dieser bis in den letzten Winkel ausgeleuchteten Welt, ein vollbesetztes Flugzeug (für viele Monate) spurlos verschwindet. Ohne Zweifel muss dafür jemand verantwortlich sein. Zweifelhaft ist vielmehr, dass es in dieser vom Menschen beherrschten Welt, in der überall Sendeanlagen stehen oder fliegen, in der alles beobachtet und überwacht wird, möglich ist, dass ein so großes Gerät mit so vielen Menschen gleichsam vom Erdboden oder vom Meer verschluckt wird. Was vor hundert Jahren mitten in Europa, vor wenigen Jahrzehnten sogar noch zumindest in einer der großen Wüsten der Welt für möglich gehalten worden ist, ist mittlerweile für jeden Ort schlicht undenkbar geworden. Wer das Weltklima beeinflusst, der muss auch ein Erdbeben beherrschen können – und darf keine Flugzeuge verlieren. Das ist unser Selbstverständnis im Anthropozän.

Aber auch ein dem Schönwettersegler nicht vorhergesagter Sturm am Baggerteich, eine dem Sonntagsfahrer nicht angekündigte, plötzlich auf der Straße auftauchende Schneewechte und eine zum Schi-Opening nicht befahrbare Schipiste gehören zu den Ausnahmen, die als letzte Reste einer Welt gelten, die noch Natur genannt werden kann und nicht Umwelt. Der Umwelt, in der wir leben, verbieten wir solche Albernheiten.

Für den Fall, dass wir gläubige Menschen sind, lassen wir in den letzten Winkeln der Natur das unergründlich Göttliche zu. Die aussterbende Spezies der Bauern konnte so die Unmöglichkeit, auf die Natur Einfluss zu nehmen, akzeptieren. Wer aber weder Bauer noch gläubig ist, wird den seltenen und ungewohnten Umgang mit Wind und Regen, mit Tieren und Pflanzen, mit Erde und Steinen mythologisieren. Natur, oder vielmehr ihr Schutz, verkommt so zur Ersatzreligion, die wie jede andere nicht allzu ernst genommen wird. Wir drängen sie in Reservate zurück, wo sie gleichsam unter einem Glassturz geschützt wird. Herausgeholt werden muss sie nur für einige Minuten, wie Forscher der australischen University of Queensland mittlerweile festgestellt haben[22]. Es ist die an die Spitze getriebene Nützlichkeitsbewertung der Natur. Sie ist nicht einfach der Raum, in dem sich unser menschliches Handeln abspielt, sie ist – was ihren Schutz betrifft – religiös, und was ihren Nutzen betrifft, beinhart zu berechnen. Je nach Studiensetting kommen die Forscher auf eine Dauer zwischen fünf und 20 Minuten, die wir täglich *Natur benützen* müssen. Ab einer gewissen Dosis bringe ein Mehr nicht mehr Nutzen für uns. Aber vorerst ist es zu früh und noch schwierig, eindeutige Zeit-Empfehlungen auszusprechen, sagen sie. Es ist also noch zu früh zu berechnen, wie viel wir von ihr übrig lassen müssen.

Trotz solcher Berechnungen glauben wir nur, in einer säkularen Welt zu leben, in einer vermeintlich post-ideologischen, in der auch die Religion keinen Platz mehr hat, beziehungsweise zu lokaler Folklore verkommen ist. Tatsächlich aber geht mit dem globalisierten Kapitalismus eine religiös anmutende Ökologie einher. In unserer modernen westlichen Welt wird die Ökologie beschworen – aber ihr vermeintlicher Schutz geht zwangsläufig mit dem Kommerz einher. Den Kapitalismus begleitet die Ökologie als *Glaube*. Oder als Unglaube, wie in den USA, wo Umfragen zufolge etwa weniger als die Hälfte der Menschen an die Erderwärmung *glaubt* und nicht etwa gegenteilige wissenschaftliche Erkenntnisse ins Treffen führt[23].

Die Natur ist uns also heilig – ganz unabhängig unserer tatsächlichen Religiosität. Sie will beschützt werden, weil sie gut ist. Gut ist sie, wie es C. G. Jung beschrieben hat, weil ihr (und vielmehr uns) die Teufel und die bösen Geister, die sich lange Zeit in dieser Natur herumgetrieben haben, abhanden gekommen sind[24].

Wir leben aber nicht mehr in der *Natur*, sondern in der *Umwelt*, die den weitaus größeren Teil unserer Lebensumgebung ausmacht. Sie durchforschen wir mit unserer ganzen

Rationalität, um das Böse, das es dort noch gibt, zu vertreiben. Böse nennen wir das meistens aber nicht mehr: Es ist vielmehr Unwägbarkeit, die minimiert, und Risiko, das zumindest abgeschätzt werden muss, damit die Ressourcen gehoben und die Renditen erzielt werden können. Die Maßnahmen dazu sehen wir als gebaute Monsterprojekte in unserer Lebensumgebung. Wenn wir das – im Sinne des religiös gelebten Umweltschutzes – erkennen, wollen wir umkehren. Daher sind auch die vermeintlich ökologischen Gegenmittel monströs. Ein Beispiel dafür ist das Dämmen. Vom Dämmwahn erfasst, ersticken deutsche Immobilieneigner ihre Häuser mit mittlerweile tausenden Tonnen Styropor, versetzt mit giftigem HBCD. Jährlich sollen 375 Tausend Gebäude dazukommen, damit bis zur Jahrhundertmitte alle luftdickt verpackt wohnen[25]. Klimawandel erzeugt somit Klimawandel. Klimaschutz ist mittlerweile zum Gegenteil ökologischen Umdenkens geworden. Wir sind allerdings, anders als die zuerst ins Treffen geführten Amerikaner, zu Recht überzeugt davon, dass wir diesen Wandel beeinflussen können. Diese Einflussnahme geht aber vielfach mit intensiven Eingriffen in unsere Lebensumgebung einher. Da war die Asbestentsorgung im Zuge der Entgiftung unserer Häuser nur ein kleiner Vorgeschmack darauf, was wir in wenigen Jahrzehnten mit dem Vollwärmeschutz zu tun bekommen.

So wie wir die Häuser warmhalten wollen, verpacken wir in zunehmendem Ausmaße die letzten Gletscher, um sie im Sommer kühl zu halten. Das ist eine besonders pervertierte Form, uns ein offenbar gewünschtes Charakteristikum, in diesem Fall der hochalpinen Landschaft, zu erhalten. Die Methode ist in Mode gekommen, als wir feststellen mussten, wie schnell diese Erscheinung der Natur verschwindet. Dem

Bruder des letzten Römisch-Deutschen Kaisers, Erzherzog Johann, verdanken wir es, diese rasante Veränderung unserer Landschaft (nicht nur in diesem Bereich) nachvollziehen zu können. Erzherzog Johann hat zur Dokumentation der *Schönheit der Natur*[26] in der ersten Hälfte des 19. Jahrhunderts Kammermaler engagiert, um – unter anderem – die Gletscher der Ostalpen aquarellieren zu lassen. Vergleicht man die Ausmaße der Gletscherzungen auf den Aquarellen mit aktuellen Photos derselben Region, lässt die Gegenüberstellung aufschrecken: Sie sind kaum mehr zu sehen, das Eis hat sich fast bis zum Horizont zurückgezogen. Wo die Gletscher noch vor zweihundert Jahren geendet haben, befinden sich heute Parkplätze, Aussichtsterrassen oder Staumauern. Wir wollen eine solche Entwicklung nicht ändern, akzeptieren sie bemerkenswerterweise aber auch nicht einfach. Im Sinne der *Religion Umwelt* entwickeln wir ein Trost-Ritual – und setzen zu einer Rettungsaktion an. Unserer Verfasstheit entsprechend: zu einer monströsen Rettungsaktion.

Tausende Hektar Gletscher werden mittlerweile jährlich unter riesigen Planen in den Sommerschlaf geschickt. Ein gut gemeinter – aber eben nicht guter – Versuch der Symptombekämpfung. Die Motive für die großflächige Rettung sind wenig überraschend ganz andere. Sie wurzeln nicht im Selbstzweck, eine Anmutung von Landschaft zu erhalten, die uns als reizvoll gilt. Es geht also nicht um den Erhalt einer Art von Lebensumgebung als vordergründig nutzloser Selbstzweck, oder für eine unbestimmbare Zielgruppe wie „Gesellschaft“ oder „Menschheit“. Es geht – genau genommen – nur um einen Seilbahnbetreiber, und damit um einen in Relation zum restlichen Schizirkus außerhalb der Gletscherwelt kleinen wirtschaftlichen Faktor. Zu diesem Zweck wird mit intensivem Maschineneinsatz, Energieverbrauch, Emissionen und Lärm die Verhüllung vorgenommen. Für einen kurzfristigen Benefit – die Schisaison am Gletscher kann etwa drei Wochen früher beginnen – fügen wir, ganz technikverliebt und mit den Augen kindlichen Staunens, der Landschaft eine riesige weitere Narbe zu. Gletscher, und Schnee ganz generell, betrachten wir nur noch als Knetmasse für unsere wirtschaftlichen Ambitionen.

Die Natur in Form von Schnee hat ihr Böses verloren, als wir den Schnee zu beherrschen begannen. Er hat lange Zeit eine verordnete Pause im agrarischen Wirtschaften bedeutet. Oder eine Bedrohung, durch die Lawinengefahr, die sich oberhalb des Dorfes in immer größer werdenden Schneewechten gesteigert hat. Die Gefahr wurde durch monströse Eingriffe in Form von Mauern und Stahlzäunen bis in höchste Regionen gebannt. Die winterliche Zwangspause hat sich umgekehrt in eine Hochzeit der Rendite. So ist es nur folgerichtig, den weniger werdenden Schnee industriell zu produzieren wie ein Paar Schier. Der Begriff *Snowfarming* erinnert noch an den entfernten Zusammenhang mit der Landwirtschaft. Im Antrophozän ist es selbstverständlich, die Jahreszeiten industriell zu produzieren. Die Unternehmungen in Sachen Klimapolitik sind die Riten der Ökoreligion. Zwar ein Glaubensbekenntnis, freilich ohne irdische Folgen.

Warum es der Politik nicht gelingt, sich ambitionierte Klimaziele zu stecken, oder zumindest die wenig ambitionierten auch zu erreichen; ob es überhaupt wichtig ist, dem Wandel Einhalt zu gebieten, oder ob es sich in einigen hundert Jahren nicht auf einem etwas wärmeren Planeten leben lässt, das füllt schon einige Regalmeter Bücher. Eine

Antwort darauf ist, dass es mangels flächendeckender Betroffenheit der Bürger in der westlichen Welt keinen Druck auf die Politik gibt. Selbst die Wintertouristiker im alpinen Raum lässt die Erwärmung kalt. Sie kommen nur ins Schwitzen, wenn zum kalendarisch-kalkulatorisch festgelegten Winterbeginn kein Schnee *produziert* werden kann, weil es mittlerweile für die Schneekanonen zu warm ist. Für diese Geräte haben Österreichs Schigebiete in den letzten 15 Jahren fast eineinhalb Milliarden Euro ausgegeben[27], und die Berge dadurch mit weiterer Infrastruktur überzogen. Und jetzt braucht es noch mehr. Die Technologie, die der Erderwärmung trotzen soll, kann auch schon im Sommer Schnee produzieren, und wird als extrem ressourcenverschwendende Geheimwaffe etwa im Pitztal in Österreich und in Zermatt in der Schweiz eingesetzt. Die äußere Zerstörung der Landschaft schafft ein fensterloser Betonklotz – höher als ein Einfamilienhaus. Die Verschwendung besteht im Energiebedarf, mit dem sich 130 Tausend Vier-Personen-Haushalte ein Jahr lang mit Strom versorgen lassen[28]. Denn gelegentlich muss das Wasser über tausend Meter aus dem Tal in die Speicherseen gepumpt werden. So werden dann in einigen alpinen Kommunen bereits bis zu 50 Prozent des Trinkwasserverbrauchs für Beschneiung aufgewendet. Eine Marke, die der bekannte Wintersportort Kitzbühel bereits vor mehreren Jahren überschritten hat[29].

Auch hier schafft das absurde Wettrüsten gegen den Klimawandel weiteren Klimawandel. Gut also, wenn die künstlichen Bergseen touristisch gleich für eine weitere Gruppe von Alpinkonsumenten erschlossen werden können. Am Kärntner Nassfeld etwa lassen sich in einem solch künstlich angelegten Wasserbecken für Schneekanonen in einer *original venezianischen Gondel inclusive authentischem Gondoliere*[30] die für dort typischen Kasnudln krendln (Teigtaschen formen). Das war Teil einer 18-Millionen-Euro-Investition, während man lediglich auf eine *Portion Neuschnee und Kaltluft*[31] gewartet hat. Aber wir wollen hier noch nicht dem letzten Kapitel dieses Buches, dem *Verblöden*, vorgreifen. Der Wetterbericht in Österreich vermittelt daher für die solcherart Wartenden auch nicht mehr die Möglichkeit einsetzenden Schneefalls, sondern die wetterbedingte Möglichkeit, die Pisten künstlich zu beschneien. Ohne Augenzwinkern oder Ironie. Das hat übrigens die Beschilderung aufkommen lassen, die uns auf *Naturschneepisten* hinweist.

Wer das Klima beeinflussen kann, muss sich also auch die Jahreszeiten selber machen können. Die Jahreszeit wird damit zu einer Rechengröße: Wo der Schnee fehlt, geht es darum, ob seine Produktion im korrekten Verhältnis zu den Einnahmen steht. Wo zu viel ist, bekommen wir am Ende die volkswirtschaftlichen Kosten für die Räumung präsentiert. Aber alles scheint technisch beherrschbar zu sein – ist nur eine Frage der Kosten.

Das Klima ist nicht mehr Rahmenbedingung, sondern Kostenfaktor. Studienautoren formulieren daher Sätze wie „Der Klimawandel wird zunehmend im Geldbörsel spürbar."[32] Wir addieren dann diese Kosten allerdings nicht zu den wahren Kosten unseres Konsums, sondern betrachten sie als Schäden, für die die Allgemeinheit aufzukommen hat. Aber es sind Kollateralschäden, die geringer wiegen als die Renditen, insbesondere wenn die Kosten für diese Schäden sozialisiert, und die Gewinne privatisiert sind. Wir wollen allerdings nicht ungerecht sein: Der Betrieb der von der öffentlichen Hand finanzierten Autobahnen war in Österreich im Winter 2013/14 wetter-, beziehungsweise klimabedingt um 22 Millionen Euro günstiger als im Jahr zuvor. Da haben sich schließlich alle etwas erspart.

Solche Berechnungen der Kosten von Sonnenschein und Schnee, von Wind und Regen, lässt unser Handeln in der Landschaft präziser beschreiben, weil es in Zahlen gefasst verglichen werden kann. Verhaltensweisen ließen sich so überdenken, echte Kosten für die Unternehmungen einzelner angeben, und vor allem ließe sich ausmachen, was die Allgemeinheit dazuzahlen muss. Das hieße also, mit der Anwendung kapitalistischer Logik (bis hin zur Berechnung von produzierter Atemluft – auch diese Rechnung wurde bereits angestellt) selbiger Logik zu entkommen. Das funktioniert natürlich nicht. Im Gegenteil.

Solche Entwicklungen führen vielmehr zu einer Gleichgültigkeit gegenüber Veränderungen natürlicher Wechselspiele, weil wir sie als Teil sich verändernder wirtschaftlicher Rahmenbedingungen begreifen. Und so wird auch die Ermüdung unserer Gesellschaft verständlich, die aus so vielen medial ständig angekündigten Katastrophen resultiert, die dann nicht eintreten. Es ist aber unverständlich bei jener Auswirkung, die sich ebenso aus der Verfügungsgewalt über unsere Landschaft ergibt, und aus den gewaltigen technologischen Möglichkeiten, die uns mit unserer Lebensumgebung verfahren lassen: Diese Auswirkung ist das Verschwinden der Orte, an denen wir *sein* wollen. *Sein* im Sinne von Verharren. Dort *sein*, wo wir allein aufgrund der Umgebung Glück empfinden können. Es gibt diese Orte kaum noch. Wir ersetzen sie in unserer Achtlosigkeit durch Transitorte[33], die wir niemals aufsuchen würden, durch die wir aber in der Bewegung in unserer Welt gezwungenermaßen durchmüssen. Der Ethnologe Marc Augé hat für diese zunehmend größer werdenden Räume den Begriff Nicht-Orte[34] geprägt. Diese Orte, etwa Parkhäuser, Einkaufscenter, Flughäfen, U-Bahn-Schächte, Autobahnraststätten oder Wohnheime sind zweifelsohne nützlich. Zugleich austauschbar und wesenlos. Sie sind zu unserer fast ausschließlichen Welt geworden. Wir sind im doppelten Wortsinn an einem Allgemeinplatz angelangt. Die in unseren mitteleuropäischen Breiten geringe Rest-Natur erschließen wir durch die üblichen globalisierten Ideen der Funparkisierung. Am Ende aller Wipfelwege durch die vermeintlich zu entdeckende Landschaft, am Ende aller Gipfelbrücken über den vermeintlich bedrohlichen Schluchten steht der immer gleiche Gift-Shop mit seinen Souvenirs, der uns deutlich den Charakter des Nicht-Ortes vor Augen führt. Ein vormals erfolgreicher, aber weiterhin prominenter österreichischer Schifahrer erklärte mir einst, dass er eben nicht wolle, dass seiner Mutter, die sich mit dem Gehen schon etwas schwer tut, der Ausblick von der Tausend Meter hohen Felswand oder der Einblick in tiefe Gletscherspalte vorenthalten bleibt. Alles muss allen immer und überall möglich sein. Es ist die Perversion der gegenwärtigen Inklusionsrhetorik, die sich gerissene Investoren geschickt zu eigen machen. *Die permanente Steigerung aller touristischen Attraktionen durch immer noch exzentrischere Angebote stellt einen Wahnwitz dar, der nur in einem riesigem Erlebnis-Burnout enden kann.*[35] An den Alpen ist besonders eindrücklich zu sehen, wie die Betrachtung eines Raumes diesen immer mehr zum ausschließlichen *Wirtschaftsraum* werden lässt. Natur wird Material.

Dieser Schifahrer und seine Mutter sind nicht die Vertreter der kommerziellen Tourismusindustrie, von der wir uns diese Herangehensweise erwarten würden. Das Bemerkenswerte ist, dass die beiden durchschnittliche Vertreter unserer Spaßgesellschaft sind, die von den so vielen schon verwirklichten technologischen Möglichkeiten in unserer Welt beeinflusst sind. Die Spaßgesellschaft produziert Spaßbauten. Sie dienen dem Konsum von Gefühlen, und sind damit nützlich. Spaß ist aber nicht Glück.

Leben ohne Raumerfahrung

Unser Bewusstsein verändert sich in der Form, wie die Welt um uns gestaltet wird. Sie ist der Prägestock für unseren Charakter, der sich nun so schnell wandelt wie die äußere Erscheinung unserer Lebensumgebung in den letzten 25 Jahren. Und das ist nicht nur ein Zirkelschluss, sondern eine sich immer rascher drehende Spirale. *Zeige mir, wie du baust, und ich sage dir, wer du bist,* schrieb Christian Morgenstern. In dieser scheinbar schlichten Aufforderung steckt der Kern unserer Überlegungen: Es ist mittlerweile weniger die natürliche Landschaft, die eine darin lebende Gesellschaft prägt. Es ist also weniger eine Frage, ob Gebirge oder Tiefebene, Wasser oder Wüste, Wälder oder Sümpfe die Menschen umgeben. Solche Charakteristika prägen unsere Wahrnehmung der Landschaft weniger denn je, und damit auch die Menschen, die darin leben. Wesentlicher ist die Frage, was wir aus diesen natürlichen Landschaften gemacht haben, welche künstlichen Landschaften, welche gebauten Lebensumgebungen wir um uns gestaltet haben. Diese gebauten Landschaften sind es, die mittlerweile unsere Raumerfahrungen, die wir in der Welt machen, prägen. Schon von klein auf erfahren wir die Welt durch den uns umgebenden Raum. Es sind eben nicht – um bei diesem Blick auf die Dinge in Europa zu bleiben – „die Südländer“ oder „die Inselbewohner“, die etwa durch „das Südliche“ oder „die Insel“ geprägt werden. Es ist der Raum, das Zimmer, das unseren Aktionsradius bestimmt, und das uns in seiner Ausgestaltung prägt. Es ist die gestaltete Umwelt, vielfach dem Versuch entsprungen, pädagogischen Überlegungen nachzukommen. Einzig diese pädagogischen Räume sind es, in denen wir uns bewusster damit befassen, wie sich ein bestimmtes Material, eine Ebene, eine Bewegungsanregung (etwa eine Sprossenwand, eine Rutsche, etc.) auf die Raumerfahrung eines heranwachsenden Menschen auswirken.

Auch hier ist das übrigens ausschließlich eine vorbereitete Umgebung, also eine Vorgabe, wie Raum erfahren werden soll. Aber immerhin, in jeder Kindertagesstätte oder in jeder Schule, ist das zumindest in bester Absicht gestaltet: Hier geht es um bewusst zu schaffende Geborgenheitsräume und Spielräume, um Forschungs- und Entdeckungsräume. Wir unterstellen für diese Phase der Entwicklung einer Persönlichkeit, dass der Raum eine Bildungsquelle ist. Aber nur für eine kurze Zeit des Heranwachsens lassen wird das zu, und verstehen unter *Bildungsräumen* rasch etwas anderes: Nämlich einen metaphorischen Begriff, der uns in Kompetenz-Welten abgleiten lässt. Da schwingt die Angst mit, dass Raum etwas zu Oberflächliches ist, was Bildung nun ganz und gar nicht sein darf. Aber dem widerspricht sogar die Präsidentin der höchst erfolgreichen und angesehenen englischen Universität Cambridge. In einem Interview[36] führt sie als Kriterien des Erfolgs ihrer Einrichtung an: Schönheit ist wichtig. Sie meint damit den (nicht-metaphorischen)

Freiraum, den die gebaute Umgebung bereithält, und der als Magnet für die besten Köpfe wirke. Wissenserwerb und damit die Verfasstheit unserer Gesellschaft ist immer auch an konkrete Umwelten und Räume gebunden. Sie findet nicht in virtuellen Räumen statt.

In frühkindlicher Phase ist uns der engste uns umgebende Raum ein *erster Erzieher*, der uns Materialien spüren lässt, an Höhenunterschieden Bewegung im Raum lehrt, und in der Folge erste Wahrnehmung der Welt vermittelt. Die ersten Raumerfahrungen sind Schwellen, die man in für sich selbst unerschlossene (unentdeckte) Raume überschreitet [37].

Bevor wir Bücher lesen, lesen wir im Raum. Noch ehe ich das kleine Appartement meiner Eltern in unserer Ferienanlage mit den vielen gleichen Türen an seinem Namenschild ausmachen konnte (weder konnte ich die geschwungene Beschriftung lesen, noch war das Schild für mich erreichbar angebracht), erschloss ich mir den Weg dorthin durch lesen im Raum: durch Ecken und Sträucher, an denen ich vorbei musste, durch den Boden mit seinen Unebenheiten, verschiedenen Steinen und den Farbflecken, die die Maler einst hinterlassen hatten. Das bildete *Schrift* für mich. In gleicher Weise tun wir das später im Raum, den wir mit unserem größer gewordenen Aktionsradius (be-) greifen [38]. Aber Vorsicht: Auch dieser Raum wird nicht allzu groß. Es bleibt die unmittelbare Landschaft, der Stadtteil, das Dorf, in dem wir uns bewegen – nicht gleich ein ganzer Kontinent-Teil, wie es etwa der Begriff „Südländer“ vermitteln könnte. Dieser erweiterte Aktionsradius, diese (nur ein Stück!) erweiterte Umgebung ist es, die uns gleichsam *dritter Erzieher* wird. *Es ist der Raum, der uns in ein Verhältnis zur Welt setzt. Raumwahrnehmung und Raumaneignung können als basale menschliche Fähigkeiten angesehen werden, die sowohl auf die Entwicklung von Gehirnstrukturen als auch auf die Persönlichkeitsentwicklung weit größeren Einflussnehmen als bisher angenommen.*[39]

Der deutsche Schriftsteller und Psychoanalytiker Alexander Mitscherlich sieht darin, wie er in seinem Buch *Die Unwirtlichkeit unserer Städte* schreibt, einen schicksalhaften Zirkel: *Menschen schaffen sich (...) einen Lebensraum, aber (...) rückläufig schafft diese Stadtgestalt am sozialen Charakter seiner Bewohner mit*[40]. Es ist heute ein Zirkelschluss der Achtlosigkeit, der unsere erweiterte Lebensumgebung prägt, und dessen Kreislauf es zu durchbrechen gilt.

Bemerkenswerterweise ist es vor allem unsere *erweiterte* Umgebung, in der sich unsere Achtlosigkeit in den letzten 25 Jahren so sehr gesteigert hat, dass die Raumwahrnehmung nicht mehr richtig funktioniert. In häuslichen Räumen, wenn wir etwa in eine fremde Wohnung kommen, wissen wir in der Regel sofort, was wir wo tun können. Auch ohne Tischkarten oder Anweisungen durch die Gastgeber, können wir uns im Wesentlichen gleich beim erstmaligen Betreten dieser Räume orientieren, wissen, wo wir uns hinsetzen können und wo nicht, wie wir uns platzieren, wenn wir miteinander reden, wo wir essen sollen. In der Landschaft haben wir das Gefühl dafür verloren. Alles soll überall möglich sein. Da betrachten wir den Raum nur quantitativ, gleichsam mathematisch. Was lässt sich wo unterbringen. Wir sollten aber wie in unseren Wohnwelten einen qualitativen Maßstab anlegen, und uns fragen, welches (Raum-) Erlebnis uns zuteil werden kann.

Auch deshalb, weil Städte und Räume, die wir verlassen haben, uns in intensivem Maße an das erinnern, was wir dort erlebt haben – und uns prägen. Sie haben also einen tieferen Einfluss auf unsere innere Verfasstheit, als wir ihnen zuvorderst beimessen. Von klein auf entnehmen wir dem Raum Informationen, um die Welt zu erfahren. Das tun wir als Kleinkinder zunächst angestrengt. Aber schon rasch ist die vorerst ganz ohne Empörung gestellte Frage *wo leben wir denn* eine Frage, die tatsächlich ausschließlich aus Neugier an der Welt herrührt, für uns beantwortet. Alles, was es gibt, nehmen wir als immer schon Bestehendes und als gegeben hin. All die dann langsam eintretenden Veränderungen in unserer Umgebung, die auch uns in unserem gesellschaftlichen Charakter verändern, übersehen wir aber allzu leicht.

Die Aufhebung aller Grenzen

Weil sich die gebaute Umgebung also auf unseren Charakter auswirkt, ist es uns nicht gleichgültig, wie es um uns herum aussieht. Es geht uns dabei aber vielmehr darum, wie *andere* aufgrund der Anmutung der Umgebung auf uns schließen, also vor allem um das Fremdbild. Wir führen daher gerne das epitheton ornans *schön* im Munde und fügen es dem Ort unseres Lebensmittelpunkts als ewigen Begleiter bei, auf dass er sich gar nicht mehr wegdenken lässt. Im *schönen* Dingolfing wohne ich, oder an der *schönen* Weser. Vielfach infizieren wir uns da am eigenen Schmäh und glauben das wirklich. Den unverstellten Blick auf die Landschaft vor unserer Haustüre empfinden wir als Beleidigung.

So hässlich kann es dort gar nicht sein, dass sich die Bewohner, und besonders ihre Repräsentanten, die eigene

Lebensumgebung schönreden. Als ich im Zuge eines Zeitungsinterviews über mein Buch *Mut zur Schönheit* eine österreichische Provinzstadt als Beispiel für einen in seiner ästhetischen Entwicklung grandios gescheiterten Ort nannte, konterte der Bürgermeister (obwohl er keine Wahlen vor sich hatte), es wäre doch in meiner Heimatstadt Wien um nichts schöner. Unabhängig davon, wie schön es hier in Relation zu anderen Plätzen tatsächlich ist, die betreffende Stadt hat das Rennen um den hässlichsten Ort Österreichs schon des Öfteren gewonnen. Bei dem Stadt-Repräsentanten könnte man noch sagen, aus ihm spricht das schlechte Gewissen des Mittäters, der für das ästhetische Scheitern verantwortlich ist. Aber es dürfte bei ihm wie bei vielen Menschen so sein, dass es schwer auszuhalten ist, eine authentische Beschreibung seiner Umgebung geliefert zu bekommen. Ein derartiges Spiegelvorhalten beleidigt offenbar nur, stärkt aber nicht den Widerstand gegen die dieser Entwicklung zugrundeliegenden Entscheidungen.

Um die Entwicklungen in unserer Lebensumgebung zu sehen, braucht es gelegentlich eine höhere Betrachtungsebene. Die Satellitenbilder auf Google-Earth bieten uns da eine gute Perspektive darauf, wie die Dinge liegen. Und wie sie sich entwickelt haben. Diese Bilder verdeutlichen das Wachstum unserer Siedlungen klar und prägnant. Sie zeigen die Jahresringe (oder besser Jahrhundertringe) unserer Ausbreitung in der Landschaft. So wie die Ringe im Holz der Bäume, wie Hermann Hesse schreibt[41], deren Geschichte zeigen, *mit allem Kampf, allem Leid, aller Krankheit, allem Glück und Gedeihen, schmale Jahre und üppige Jahre, überstandene Angriffe und überdauerte Stürme*, so offenbaren uns die Jahresringe um unsere Städte und Dörfer ein

Psychogramm der jeweiligen Gesellschaft, in deren Zeit sie entstanden sind. Der deutsch-baltische Biologe Jakob von Uexküll formulierte es so: *Die Umweltlehre ist eine nach außen verlegte Seelenkunde*[42].

Die erste Gesellschaft, von deren Gebäude wir hier in Europa gelegentlich Überreste finden, hat mit ihren antiken Tempeln *Gott im Menschen konzentriert*[43], wie es Goethe in seinen Betrachtungen über Kunst und Kunstgeschichte formuliert. In den Breiten Mitteleuropas finden sich als älteste Gebäude im Kern des Siedlungsraums häufiger Kirchen des Mittelalters, die *nach Gott in der Höhe* streben. Beides waren nicht einfach zufällige Formen für diese Zweckbauten, in diesem Fall für eine religiöse Stätte, sondern Ausdruck der jeweiligen Verfasstheit der Gesellschaft und ihren Bezug zu Gott. Diese Gebäude haben damals also nicht nur das Ortsbild geprägt, sondern die Gesellschaft in ihrer inneren Struktur gespiegelt. Selbst wenn sie heute noch stehen, meist noch viel glänzender als zuvor, prägen sie nur noch in den seltensten Fällen die Anmutung der ländlichen Skyline und schon gar nicht sind sie Hinweis auf die Weltanschauung der in der Umgebung lebenden Menschen. Was das Streben in die Höhe betrifft, so haben diese Dimension in den Wirtschaftswunderjahren die Silos der Agrargenossenschaften übernommen, in den letzten Jahren die Türme beleuchteter Firmenlogos vor den nahen Diskontmarktagglomerationen und die unvermittelt und einzeln stehenden Windräder fehlgeleiteter Ökopriester. Wo doch noch Kirchen die Silhouette prägen, haben sie die sakrale Dimension verloren, weil sie zu Sehenswürdigkeiten verkommen sind, die, je aufwendiger herausgeputzt, das „Anlageobjekt Innenstadt“ aufwerten sollen, das sich jetzt rundherum befindet.

Der alte Kern war also zuerst auf Gott ausgerichtet, sei es im Menschen oder in der Höhe. In der Provinz des aufgeklärten Frankreich war es an gleicher Stelle das Rathaus, und damit die Gemeinschaft der Gemeinde, auf die das Zentrum ausgerichtet war. Der Platz, der dafür im Zentrum freigehalten wurde, diente dem Zusammenkommen zu verschiedenen Zwecken, auch wenn wir in unserer kommerziell ausgerichteten Zeit am liebsten an den Markt denken, der vielfach auch der Namensgeber dieses Platzes ist. Nicht, dass öffentliche Hinrichtungen oder sonstige uns heute verschreckende Bestrafungen, die dort stattgefunden haben, besser wären. Aber es waren eben die auf der Höhe der damaligen Zeit vielfältigen, das damalige Leben ordnenden, und die öffentliche Umgebung prägenden Verhandlungen.

Mit dem Aufkommen industrieller Produktion ist rund um diesen Kern gleichsam der erste Jahresring gebildet, und – so vorhanden – die Stadtmauer gesprengt worden. Unabhängig davon, ob sie physisch tatsächlich verschwunden ist, haben sich in einem Ring außerhalb dieser oft jahrhundertelangen Grenze Betriebe angesiedelt. Vielfach in einer krankmachenden Mischung mit dunklen, engen, schlecht durchlüfteten und feuchten Arbeitermietskasernen. Eine Mischung der Lebensbereiche, die uns noch heute Angst einjagt. Diese Angst, die den absurden Entwürfen des Architekten Le Corbusier von einem entmischten Paris zugrunde liegt, begleitet uns anscheinend noch immer. Heute befeuert diese Angst aber nicht avantgardistische Ideen zur Gestaltung unserer Lebensumgebung, sondern mischt sich in die Absichtslosigkeit und Unachtsamkeit, mit denen wir dabei vorgehen.

Dieser erste Ring um den Kern bildet das, was vielfach als Neustadt bezeichnet wird, und die in vielen (auch Provinz-) Städten im Laufe des 19. Jahrhunderts entstanden ist. In den meisten mittleren und großen Städten gibt es nur noch ganz wenige, die nicht gentrifiziert und hipp geworden sind. Produktionsbetriebe sind daher dort nicht mehr zu finden.

Mit der daran anschließenden Jahrhundertwende um 1900 entstand dann erstmals ein Stadt*rand*. Nicht eine Grenze, sondern ein Gebiet, somit eine so zu definierende Gegend und ein dritter Jahresring. Nicht Vororte mit eigener Geschichte und unabhängiger Entwicklung, die im Laufe der Zeit eingegliedert wurden, waren es, sondern eine für sich stehende Peripherie, an die es meist wohlhabende Bürgerinnen und Bürger zog. Das klassische Cottageviertel war die erste Verschwendung von Ressourcen: Grund und Boden wurde ebenso großzügig bemessen, wie die Wohn- und Nutzfläche für eine vergleichsweise kleiner gewordene Wohngemeinschaft. Aber es war eine schöne, mit heute verglichen geringe, Verschwendung, die die Zeit überdauert hat, und für betuchtes Publikum von ungebrochener Attraktivität ist.

Der letzte Jahresring, der auf dem virtuellen Flug über unsere Landschaften zu erkennen ist, ist der Nachkriegsstadtrand. Ein letzter Ring, der in der Wohnungsnot der 50er Jahre gründet – und die ersten Vorboten der nachhaltigen Unwirtlichkeit schickt. Viele der schnell gebauten, auf große Zahl und rasche Verfügbarkeit ausgerichteten Gebäude gelten einige Jahrzehnte später schon als zu wenig durchdacht, auch wenn sie einst noch von architektur-philosophischer Rhetorik begleitet waren. Hier kann man aber zumindest anführen, dass die heute gängige Argumentation von *wirtschaftlich* im Sinne von billig und höchst nützlich den Umständen der Stunde Null geschuldet waren. Wer es zu dieser Zeit schon etwas besser trifft, oder erst ein paar Jahre später, in der steilen Aufwärtsphase des Wirtschaftswunders, sein Eigenheim schafft (da kommt dieser merkwürdige Begriff angeschlichen, der uns noch beschäftigen wird), schafft es vielleicht schon in einen Bungalow im Grünen, der ab diesem Zeitpunkt häufiger in Erscheinung tritt.

Damit haben die Ringe, die sich konzentrisch um den gesellschaftlichen und geographischen Mittelpunkt ziehen, ein Ende. Sie gehören nun ausschließlich dem an, was von der *Welt von Gestern* geblieben ist. In seinen gleichnamigen *Erinnerungen eines Europäers* sieht Stefan Zweig (am Beispiel von Wien) *noch die Kunst der Angleichung, der zarten und musikalischen Übergänge (…) In Jahrhunderten langsam gewachsen, aus innerem Kreise organisch entfaltet (…) Innen (…) wiederum spürte man, dass wie ein Baum, der Ring an Ring ansetzt, die Stadt gewachsen war*[44]. Heute entstehen solche Ringe nicht mehr. In diesem Zusammenhang jedenfalls sind wir am Ende der Geschichte angekommen.

Denn die nächste Erweiterung wäre, um sprachlich anzuknüpfen, der Jahrtausendwendestadtrand. Unsere Siedlungen haben aber keinen Rand mehr. Sie entsprechen damit ganz und gar unserer aktuellen gesellschaftlichen Verfasstheit, die mit Grenzen – im Sinne von Unterscheidung – nicht mehr umgehen kann. An die letzten, eng gezogenen Kreise, schließt sich in einer abstoßenden Beiläufigkeit die Totalkommerzialisierung unserer Lebensumgebung an. Abstoßend, weil in diese Gegenden niemand kommt, um dort zu *sein*, im obigen Sinne von Verharren und dort Bleiben-wollen – und sei es nur für einen Latte Macchiato. Diese durch und durch kommerzialisierte Fun- und Shoppingwelt verbindet vormals getrennte Orte, zwischen denen *Land* war, zu einem hybriden urban-ruralen Konglomerat. Hier tauchen bereits zwischen Hochregallagern und Ackerfurchen Einfamilienhäuser auf, die im Anschluss an diesen fettesten Ring, der in seiner wabernden Masse doch noch auszumachen ist, eine ins Unendliche diffundierende Streusiedlung bilden. Diese Gegend lässt sich weder benennen noch sich in ihr ein klares Gefühl entwickeln. Es ist ein Siedlungsrauschen, gleich dem Rauschen im Netz, in dem man eine Sache, einen Gedanken nicht mehr festmachen kann, einen Diskurs weder führen noch mitverfolgen kann. Es ist eine Entgrenzung unseres Raums, infolge unserer Besessenheit, Unterscheidungen abzuschaffen: Warum muss ich am Land leben, ohne die Vorteile einer Stadt genießen zu können? Warum muss ich in der Stadt leben, ohne die Vorteile des Landes genießen zu können? *Unterscheidungen zu treffen*, schreibt der Philosoph Konrad Paul Liessmann, *wird in einer Zeit schwer, die sich prinzipiell davor scheut, überhaupt noch Unterscheidungen im Denken zuzulassen (…) Grenzen zu ziehen, sei es in der Wirklichkeit, sei es im Denken, gilt als unfein. Und das, obwohl Grenzen für uns die wichtigsten Raumerfahrungen sind, gleichermaßen wie die Grenzenlosigkeit. Der Zeitgeist will Grenzen überschreiten, beseitigen, aufheben, zum Verschwinden bringen*[45]. Das haben wir in der Landschaft unseres Lebens schon nahezu völlig geschafft. Wiederum aus der Unfähigkeit, die Unterscheidung vorzunehmen, dass die politische und geographische Gestaltung unseres Kontinents zwei verschiedene Dinge sind. Grenzen geben einer Sache, einem Raum, erst die Gestalt. Auch wenn wir es ständig versuchen, weil Grenzen mit Beschränkung und Enge in Zusammenhang gebracht wird: Wir können ohne sie nicht leben.

Natürlich schreckt es uns, wenn wir an politische Grenzen denken, die beispielsweise Europa schon alle durchzogen haben. Auf der Landkarte mit einem Stift nachgezogen, würden sie, alle übereinandergelegt, ein engmaschiges Netz ergeben, nahezu eine geschlossene schwarze Fläche[46]. Beruhigend, dass es für die meisten Europäer beruhigend ist, dass diese Grenzen weg sind, und nicht ständig Hindernis und Bedrohung darstellen. Aber es ist ein ebenso verbreiteter Irrtum, dass es gerade dieses Verschwinden der Grenzen war, wodurch regionale Identität verlorengegangen sei. Viele Menschen, insbesondere in den ländlichen Regionen, beklagen das und führen als Referenz einen anderen Nationalstaat an, mit dessen Kultur alles Eigene verschwimme. Aber tatsächlich verschwimmt es nicht mit den Eigenheiten des anderen durch die auf eine geringere Bedeutung reduzierten politischen Grenzen, sondern durch die Aufhebung der Abgrenzung zwischen Stadt und Land. Dörfer, gleich ob in den Niederlanden, in Österreich oder den USA, waren sich über Jahrhunderte in ihrer Struktur und Kultur des Zusammenlebens und Wirtschaftens ähnlicher als etwa Wien und das nahe Wördern, oder Hamburg und das nahe gelegene Aumühle. In den dicht besiedelten Niederlanden etwa streiten Autoren mittlerweile den Unterschied zwischen Stadt und Land gänzlich ab[47]. In der Schweiz wurde vom *Studio Basel* der technischen Universität ETH Zürich eine Vision entwickelt, wonach die gesamte Schweiz als einzige große, vernetzte Stadtregion zu sehen ist, die sich im globalen Wettbewerb behaupten muss[48]. Ein unterscheidbarer Raum mit einer spezifischen Lebenskultur lasse sich nicht mehr definieren, weshalb die Stadt als Referenz gilt, und das Land nur noch Nicht-Stadt ist. Es gibt nur noch die Negation einer einzigen Möglichkeit. Das schafft Unbehagen, wenn wir uns in diesen Räumen bewegen. Es verschwindet das *Dazwischen*. Die Positivität lässt kein *Nichts* mehr zu.

Außerhalb Europas tragen diese Landschaften den Namen Megacities. Sie sind nicht das, was wir einst Metropolen genannt haben. Es ist ein Konglomerat von Städten und der ungeordneten Landschaft dazwischen, die sie weder verbindet noch trennt. Denn mangels Abgrenzung kann es auch keine Verbindung geben. Es ist eine Fläche, in der alles entstehen kann, und gleichzeitig nichts ist, was sich als Spezifikum beschreiben ließe. Es ist ein großflächiges und formloses Siedlungsrauschen ohne Verdichtung, eine Vermischung ohne Ineinandergreifen von urbanen Funktionen, im Ergebnis eine Verwüstung[49]. Es ist eine noch größere Achtlosigkeit und Brutalität, in denen wir auch in Europa *Zentralregionen* entstehen lassen. Das, was wir gemeinhin als Städte begriffen haben, taugt als Objekt zur Betrachtung von Entwicklungen nicht mehr. Innerhalb verändern sich die Städte durch Abriss und Erneuerung, zum Glück etwas langsamer als es den Investoren lieb ist. Dabei entstehen dann einige Ikonen, indem Häuser als Formen auftauchen (dazu im nächsten Kapitel). Außerhalb aber hat das organische Wachsen ein Ende, weil sich kein Ring mehr bildet. Außerhalb gibt es kein *Dazwischen* mehr.

Es ist paradox: In gleicher Weise, wie es uns in die Städte zieht, wie die Welt nachgerade verstädtert, gehen uns die Städte verloren. Seit dem Mittelalter, seit die Stadt eine alternative Lebensform zum Dorf bietet, dessen Form tausende Jahre länger besteht, zieht es die Menschen nicht wegen der dichteren Siedlungsform dorthin. Es ist vielmehr das Versprechen von Glück, das aus den spezifischen Möglichkeiten durch vielfältige Beziehungen, Begegnungen und Erfahrungen herrührt: das Versprechen von Urbanität. Durch seine Anziehungskraft haben 2008 weltweit erstmals in der Menschheitsgeschichte mehr Menschen in Städten als auf dem Land gelebt. Noch nach dem Zweiten Weltkrieg war es gerade einmal ein Viertel, 2050 schon, sollen es, Berechnungen der UNO zufolge, knapp drei Viertel der Weltbevölkerung sein. Auch wenn dieser globale Trend von Entwicklungen in Asien und Afrika getrieben wird, auch in Europa gibt es nach Phasen der Suburbanisierung den Trend zum Leben in der Stadt.

Und doch bildet sich kein weiterer Siedlungsring mehr. Es wächst nicht organisch ein weiterer Stadtteil an. Er wird vielleicht irgendwo auf einer als Entwicklungsgebiet ausgewiesenen, abgesteckten Fläche ein solcher Stadtteil *produziert*, wie wir das mit unseren Konsumgüterartikeln machen[50]. Bis zuletzt ist das Wachstum in einem Verständigungszusammenhang der Bürger erfolgt. Heute folgt es den Renditeberechnungen der Investoren. Eine Klammer, die am letzten Jahresring ansetzt, kommt da nicht mehr vor. Fahre ich mit dem Auto in eine Stadt, und sei es die kleinste Provinzstadt, erkenne ich in den seltensten Fällen ihren Beginn. Mangels Rand kann man aber eigentlich auch nicht mehr von einer Stadt sprechen, die ja bedingt, dass sie irgendwo anfängt, weil es auch noch das Land gibt[51]. Die völlig unvernünftig ins vermeintlich Positive neigende Grenzenlosigkeit hat zur Folge, dass wir Hemmungen haben, ein Zentrum zu definieren. Wir nehmen Rücksicht auf die, die nicht im Zentrum leben, und wollen sie nicht spüren lassen, nicht in der Mitte zu sein. Aber nur die Definition eines Zentrums lässt begrifflich das Gegenteil zu: also den Rand, und – wenn es subsidiär weitere Zentren gibt – eine Fläche dazwischen. In einer Welt, in der aber alles überall möglich sein soll, ist alles Zentrum (und somit gleichzeitig wiederum nichts).

Die Auflösung der möglichen verschiedenen Anmutungen unserer Lebensumgebung, die Schaffung von Rurbanität als hybridem Gemisch aus ruraler und urbaner Atmosphäre, lässt nicht nur das Wesen der Landschaft verschwinden, sondern ist Ausdruck hemmungslosen Ressourcenverschwendens, wie es unsere Gesellschaft auch in vielen anderen Bereichen praktiziert. Es ist die Behandlung von Boden als Konsumgut, das nach Gebrauch auch weggeworfen werden kann.

Das Unbehagen, das uns also beschleicht, entspringt der Positivität, die kein *Nichts* mehr zulässt, die das *Dazwischen* abgeschafft hat, und nicht dem vordergründigen vermeintlichen Verlust regionaler Identität. Um an das Beispiel des Alpen-Hochhauses im schweizerischen Vals anzuknüpfen: Die treibenden Kräfte dort sind keine fremden Glücksritter aus fernen Weltengegenden, sondern sogenannte Einheimische. Unser Unbehagen mit der gebauten (oder in dem Fall vorerst geplanten) Lebensumgebung resultiert also – ganz im Gegenteil – aus unserer gegenwärtigen Identität. Und diese Verfasstheit ist in vielen Fällen ausschließlich *regional*. Nur ist sie in so gut wie allen Regionen die gleiche: Wir zerstören uns unsere Lebensumgebung aufgrund eines Charakters, der – wie beschrieben – von **Verzetteln, Verschwenden, Verschwinden** und **Verblöden** geprägt ist. Eine solche Gesellschaft hat es daher schwer gegenzusteuern – das bringt zwei schlechte Nachrichten mit sich:

Zum einen kann der achtlose Umgang mit unserer Lebensumgebung nicht durch weitere Regeln gelöst werden. Auch wenn sich nicht mehr abschließend klären lässt, ob es ohne die vielen detaillierten Normen nicht noch viel elender wäre: Es ist zumindest trotz so vieler Vorschriften, die die Architektenzunft regelmäßig beklagt, in ihrer Gestaltungsfreiheit weitgehend eingeschränkt zu sein, so scheußlich, wie es ist. Weitere Detailvorschriften würden nur das Verzetteln befördern, auch wenn die eine oder andere Schraubendrehung schon vorgenommen werden könnte, um das Ärgste abzuwenden.

Zum anderen können solche Entwicklungen auch nicht durch zivilen Widerstand eingebremst werden. Haus-, Au- und sonstige Besetzungen, mit denen der voranschreitenden Unwirtlichkeit hat Einhalt geboten werden sollen, sind historische Erscheinungen. Sie sind gegenwärtig entweder in die Logik des Kommerzes integriert, oder zur Folklore verkommen. Sie waren einst durchaus nicht umsonst. Umweltaktivisten oder Bürgerinitiativen haben, wie wir später sehen werden, heute aber keine Gegner mehr, die sie angreifen könnten.

Die Ursachen, und damit auch die Lösungen, liegen tiefer – und zwar in der aktuellen Grundverfassung, die unsere Gesellschaft prägt. Es braucht daher beim Blick auf die Entwicklung unserer gebauten Umwelt den Blick in die unsichtbaren Beziehungen und Zustände, auf die Interessen einzelner Gruppen und auf die Machtverhältnisse, und damit auf die Lobbys, nicht nur auf die, die Baulobby genannt wird, aber auch auf die – diese kommt am Schluss der Kette, und setzt mitunter Dinge in die Welt, ohne die wir sehr gut auskommen könnten. Macht findet immer in einem

Raum statt. Es erscheint nur immer häufiger, als käme sie unseren Bedürfnissen entgegen.

Woran es uns *nicht* mangelt, das ist oft schwer auszumachen. Denn das immer weiter kumulierende Kapital hat Bedürfnisse entwickelt, die wir fälschlicherweise als unsere eigenen wahrnehmen. Es fließt in das Anlageobjekt Innenstadt, in Bürokomplexe, die vorderhand niemand braucht, oder in Infrastruktur, die sich für den Investor wohl rechnet, uns allen jedoch eine ganze Region zerstört. Weil das Kapital eine neue Subjektivierungsform darstellt, eine neue Transzendenz, meinen wir, die gesamte Verunstaltung unserer Lebensumgebung dient unseren Bedürfnissen[52]. Die Zeitspanne, in der wir uns aus der gedanklichen Vormundschaft der Religion befreit und in die Knechtschaft des Kapitalismus begeben haben, war kurz. Nur in dieser Zeit konnte es Widerstand gegen Systemstrukturen geben, wie er 1968 begann, und sich in Protesten auch gegen die gebaute Übermacht in unserer Landschaft fortsetzte. Sie ist vorbei.

Es ist noch ein Stück vertrackter: Wir glauben nicht nur, dass die Zumutungen in unserer Lebensumgebung notwendig zur Befriedigung unserer Bedürfnisse sind. Wir fühlen uns sogar für solche Fehlentwicklungen persönlich verantwortlich. Schließlich nutzen wir ja etwa den neuen Diskontmarkt, der hektarweise Land verschwendet hat, mit einer Parkplatzwüste die Gegend veröden lässt, und von der Kommune auch noch subventioniert wurde. Wir könnten doch als Konsumenten anders, und sind doch nur zu schwach, beruhigen wir uns. Aber das ist falsch: Tatsächlich schämen wir uns, System oder Gesellschaft in Frage zu stellen, worin die ganz besondere Intelligenz des neoliberalen Regimes besteht, das aus freien Bürgern Konsumenten macht[53]. Der

Philosoph Slavoj Žižek bezeichnet das als den Geniestreich des Kapitalismus, der neue Formen von Herrschaft als neue Formen der Freiheit präsentiert. Die Freiheit ist nur mehr eine Wirtschaftsfreiheit, die zulässt, alles kommerzialisieren zu können. Das bedroht unsere Freiheit. Sie zu verteidigen bräuchte es echte Brutstätten der Freiheit[54]. Und das sind immer auch reale Orte. Im Kampf gegen staatliche Strukturen waren das früher die Universitäten. Dort waren die jungen Menschen genau jenem Gesellschaftsbild und jener Kontrolle entzogen, gegen die sich ihr Widerstand richtete. In den mittlerweile zu Ausbildungsstätten für die Bedürfnisse des Marktes gewordenen Universitäten ist gerade nicht mit Widerstand, oder zumindest mit Setzen eines Trends zu rechnen. Diese Freiheits-Nische wurde durch den Kommerz geschlossen. Es braucht für kritische Reflexion, für das Auseinandersetzen mit Geist und Kultur einen Ort spezieller Beschaffenheit. Da geht es nicht nur um Schulgebäude-Architektur, sondern um Bildungs*landschaft* im eigentlichen Wortsinn. Das ist eine Landschaft ohne Realitäten, die einen ständig dazu anregen, durch die Stationen der Bildungskarriere zu hetzen, Kurse und Module zu absolvieren, um rasch eine hohe Bildungsrendite einzufahren. Brutstätten der Freiheit brauchen die Abwesenheit von äußerlichen Eindrücken, die uns ständig in einen Wettbewerb zwingen. Eine solche Abwesenheit ist nicht mehr zu finden. Denn Freiräume sind zur hohlen Phrase einer Erfolgs-Coach-Rhetorik geworden. Obwohl sich dieser Begriff so deutlich auf den *freien* Raum bezieht (der nun also nur mehr metaphorisch beschworen wird), ist ein solcher weder in der Stadt noch und auf dem Land zu finden. Das völlige Abhandenkommen von ungenutzten Stadtlandschaften und unerschlossenem

Land lässt die Nistplätze für freies Denken und Kreativität außerhalb der Kommerzlogik verschwinden.

Kindliche Entfaltung findet in vermeintlichen geheimen Freiräumen statt, deren Funktion sich Erwachsenen meist nicht erschließt: tief im Kleiderschrank oder hoch auf dem Baum, auf Dachböden oder in Heizungskellern, am *nutzlosen* verwahrlosten Nachbargrundstück[55]. Der in den USA als wichtiger Vertreter der Klassischen Moderne bekannt gewordene aus Österreich stammende Architekt Richard Neutra (1892–1970) prägte den Begriff der Psychotope, seelischer Ruhepunkte. Er fand, dass jede bauliche (Umwelt-) Struktur einen psychischen Widerhall erzeugt und damit auch psychophysiologische Veränderungen im Menschen (z.B. Erregung oder Harmonisierung) hervorruft[56]. Sie sind nicht zuletzt deshalb wichtig, weil Lebensumgebung und Landschaft dort zu einem seelischen Ereignis werden kann. Wo sich allerdings heute in der unmittelbaren Umgebung kurzfristig und vorübergehend solche Orte auftun, werden sie sofort in die kommerzielle Nutzungs-Logik integriert.

Umgehen können wir diese Sackgasse nur, indem wir die Gestalt unserer Lebensumgebung, eine das Leben für alle bereichernde Landschaft, zu einer politischen Kategorie machen. Das war bisher nie der Fall. Selbst die Umweltbewegungen als Vorläufer der Grün-Parteien haben vor allem die *Natur* im Fokus gehabt. Jetzt geht es ihnen, soweit es noch die Umwelt betrifft, um Messwerte von Feinstaub, Ozon oder CO_2, für dessen Neutralität wir uns schon wieder viele landschaftliche Zumutungen gefallen lassen müssen.

Dabei könnte es so schön sein. Es gibt einen breiten Konsens darüber, dass es grundsätzlich schön sein soll. Niemand nimmt sich bewusst vor: Hier wollen wir es so richtig hässlich machen. Und niemand will, wenn man es sich aussuchen kann, ins Hässliche reisen. Oder haben Sie jemals mit ihrem Partner vereinbart, heuer einmal wohin zu fahren, wo es so richtig schön hässlich ist? Eine schöne Umgebung ist für uns das Allerselbstverständlichste, wenn wir uns um jene zwei oder drei Wochen im Jahr kümmern, in denen wir auch eine schöne Zeit erleben wollen, die das eine oder andere Mal auch eine Weltanschauung (und zwar im engsten Wortsinn) zulässt: im Urlaub. Ist es dort dann tatsächlich hässlich, weil das Hotel etwa in der Einflugschneise des Flughafens liegt oder weil gegenüber ein Logistikzentrum errichtet wird, dann ist der Urlaub meistens schon gelaufen, ehe man sich mit seinem Partner gestritten hat. Wirklich schön muss es aber natürlich auch nicht sein, weil wir – wie zuvor beschrieben – auch den Urlaubsort als Arbeitsraum begreifen. Zitate von Schönheit reichen eben. Ohne sie geht der Raum tatsächlich nicht als Urlaubsort durch. Das heißt, für eine gelungene Zeit ist eine – im Großen und Ganzen – gelungene Umgebung wichtig. Und doch legen wir an den restlichen 340 Tagen im Jahr keinen Wert darauf.

Dass diese Forderung nach einer schönen und glücklich machenden Umgebung im gegenwärtigen politischen Diskurs nicht vorkommt, hat auch damit zu tun, dass sie im Lauf der Geschichte von Regimen missbraucht worden ist. Wir brauchen an dieser Stelle gar nicht den Nationalsozialismus zu strapazieren, der die Politisierung der Landschaft und ihre Einordnung in die Weltanschauung, etwa mit dem *deutschen Wald*, um ein topographisches Charakteristikum zu nennen, an die Spitze getrieben hat. Die Schweiz hat schon in den Jahrhunderten zuvor ihre trotzig freiheitliche, und die europäischen Sprachen und Kulturen integrierende

Verfasstheit aus der landschaftlichen Beschaffenheit heraus interpretiert: Das Gotthardmassiv als Zentrum, aus dem vier Flüsse entspringen, die den vier in der Schweiz gesprochenen Sprachen entsprechen, der Gotthard also als lebensspendende, mütterliche Figur, und gleichzeitig als Felsenburg der Freiheit an den sich kreuzenden geopolitisch wichtigen europäischen Nord-Süd- sowie Ost-West-Achsen[57].

In Österreich ist eine solche besonders typische *politische Landschaft* etwa im Grenzgebiet der drei Bundesländer Oberösterreich, Salzburg und Steiermark zu finden: das Salzkammergut. Dort ist nicht nur exemplarisch zu beobachten, wie die Natur ihren Schrecken verloren hat, und bereits in der Romantik des 18. Jahrhunderts zu einer Wohlfühllandschaft in Malerei und Dichtung geworden ist. Dort ist vor allem zu sehen, wie eine Region sehr früh begonnen hat, für die Eliminierung politischer Konflikte zu stehen. Das anmutige Zusammenwirken von schroffen Felswänden und türkis-glitzernden Seen, von hohen Gebirgswäldern und sanft-hügeligen Wiesen schafft eine Harmonieumgebung, in der auch der Klassenkampf aufgehoben, oder zumindest verdrängt werden soll. Kaiser Franz Joseph ging dort mit größter Intensität der gleichen Tätigkeit nach wie auch mancher Wildschütz: der Jagd. Bürgerliche wie Aristokraten, die sich in der Nähe des Kaisers niedergelassen haben, kleiden sich wie die Holzknechte, die aus den Wäldern das Brennmaterial für die Sudpfannen schlagen. Und die durch den Bergbau nicht geringe Zahl an Sozialisten soll in all das sanft eingebettet werden. *Im Salzkammergut blieben politische Gegensätze ausgeschlossen, in der künstlichen Natur verschmolzen Adel und Bürgertum zu einfachen „Menschen“.*[58]

In all diesen Fällen haben wir es mit Zirkelschlüssen zu tun. Die natürliche Landschaft beeinflusste die Menschen sowohl durch die in der Region vorherrschenden Berufe als auch durch die von ihr ausgehende Prägung des Seelenlebens – gleichzeitig wurde die Landschaft in diesem Sinne interpretiert, was die innere Verfasstheit der Gesellschaft in der Region wiederum verstärkte.

Unabhängig davon, ob die Prägung der Gesellschaft nun positiv ist oder nicht, ob – im besseren Fall – Probleme, oder – im schlechteren – Menschen verdrängt werden; auf der einen Seite dieses Vorgangs spielt immer die vorgefundene Landschaft eine Rolle. Die Masse der Menschen, die die Gesellschaft ausmacht, findet ihr Symbol in den verschiedenen Typen von Landschaften. Elias Canetti schlägt in *Masse und Macht* die Brücke von der Gesellschaft zu ihren Massesymbolen: das *Meer* mit seiner Gleichartigkeit der Bewegung der Wellen, der *Fluss* in der Entschiedenheit seiner Gesamtrichtung, der *Wald*, natürliches Phänomen der Umgebung, die beständig über dem Menschen ist, das *Korn*, in dessen Bild die Gleichheit des Menschen vor dem Tod gesehen wird, der *Sand*, der sich dem Menschen als etwas Aggressives und Feindliches entgegenstellt, oder der *Steinhaufen*, der die rhythmische Anstrengung von vielen darstellt [59].

Wer kann heute in Europa noch ein Gefühl für diese Landschaften und ihre Wirkung entwickeln, oder zumindest einen entsprechenden Blick darauf werfen? In die Verfasstheit unserer Gesellschaft kann etwa der Fluss nicht mehr eindringen, weil er verbaut ist; mehr noch: Weil er für uns nicht mehr sichtbar ist, also nicht mehr wahrgenommen werden kann. Ein Fluss konnte, wie die Donau im habsburgischen Mythos, integrierend sein, und die Völker verbinden, oder er konnte, wie der Rhein als historischer Wächter, eine scharfe Grenze sein[60]. Das gelingt Flüssen nicht mehr, die vor allem als Straße und Transportweg, als Energieinfrastruktur und Kraftwerksfundament, oder als Hochwassergefahr begriffen werden.

Die Archetypen der verschiedenen Landschaftsbilder sind verstellt und dominiert von unserer gebauten, ge- und benützten Landschaft. Das bedeutet, wir müssen genau darauf schauen, was uns jetzt umgibt, um zum einen darauf zu schließen, was wir sind, die solches entstehen und zulassen, und zum anderen, was aufgrund einer solchen Umgebung in der Folge – also im Zirkelschluss verstärkend – aus uns wird.

Mit dieser Erkenntnis fürchten wir uns natürlich, die Welt-*Anschauung* zu einer Weltanschauung werden zu lassen, und lassen sie infolgedessen lieber bleiben. Nicht anschauen, im Sinne von *betrachten,* schützt vordergründig auch vor dem Unwohlsein, das uns die Reise durch unsere Lebensumgebung bereitet.

Wir sind allenfalls *Hin*schauer, in dem Sinne, wie wir auf ein Ereignis blicken. Der Respekt vor der Lebensumgebung weicht einem Spektakel. In beidem steckt zwar spectare (lateinisch: betrachten), aber in gegenteiligem Sinne. Der Respekt verlangt ein Zurücktreten oder Umsehen, das Spektakel ein schnelles Hintreten und Näherkommen. Die spektakulären Bauten sind also respektlos und drängen uns zu raschem und kurzem Hinsehen. Der Zweck dieses kommerziellen Unterfangens ist damit zumeist erreicht.

Wenn wir doch einmal zurücktreten und über die Entwicklungen reflektieren, dann ist es eine Debatte über Haltungen, über Entwicklung von Prinzipen – aber nicht über die konkrete Sache: Wir sprechen über das Siedeln, aber nicht über die Siedlung; wir sprechen über Architektur, aber nicht über das Haus; wir sprechen über die Landschaft, aber nicht ihre Anmutung. Wir flüchten uns auf die Metaebene – aber natürlich noch viel lieber ins Tun. Das *Machen* liegt uns wesentlich näher, als das *Betrachten*. Für das Machen gibt es seit Jahrtausenden das bessere Argument: „Macht Euch die Erde untertan." Etwas jünger als diese Bibelstelle aus der Genesis ist das Rendite-Argument, also der Kerngedanke modernen Wirtschaftens. Und drittens treibt uns der Glaube, dass Fortschritt nur mit *Erbauen* Hand in Hand gehen kann. Religion, Wirtschaft und Fortschrittsglaube treiben uns also in großem Maße, vielfach rücksichtslos auf uns selbst, in die Welt zu greifen, Raum zu greifen, Meter zu machen, und alles zu verschandeln – obwohl uns die Religion die schönsten Kathedralen, die Wirtschaft die schönste Kapselkaffeemaschinenästhetik und der Fortschritt die schönsten Abflughallen beschert hat.

Der Antrieb durch Wirtschaft, Religion und Fortschrittsglauben

Die Ausbreitung über alle Grenzen des Raumes hinaus rührt also nicht nur von den technologischen Möglichkeiten her, die uns im Verhältnis zu allen vorangegangenen Zeiten schrankenlos agieren lassen. Unsere Ausbreitung ist von einer Weltanschauung begleitet, die tief in unserem Denken und in unseren Herzen verankert ist. Selbst in unserer säkularen Gesellschaft wirkt die religiöse Prägung intensiv fort. Die Berufung auf den alttestamentarischen Appell, die

Herrschaft über die Erde auszuüben, sie sich untertan zu machen, kann aber nur noch als Alibi durchgehen. Denn im negativen Sinne, die Erde zu zerstören, haben wir die Möglichkeit seit einigen Jahrzehnten; im positiven Sinne, alle Unwägbarkeiten in der Natur zu bezwingen, haben wir die technologischen Möglichkeiten seit einigen Jahren. Natürlich ist es möglich, an den Polkappen der Erde alle Bodenschätze zu heben, selbst die Besiedelung dieser Gebiete (und sei es nur mit einem gut gelegenem Logistikzentrum) ist nicht mehr unmöglich – wie wir auch den Alpen jeden Schrecken genommen haben, und sie mittlerweile als Funparks betrachten. Seit in TV-Sendern Wettläufe an die Enden der Welt übertragen wurden, und eine Pauschalreise in dieser Weltengegend keine Frage des Muts zum Abenteuer ist, zeichnet sich diese Entwicklung ab. Das Untertan-Machen hat heute also einen ganz anderen Bezug als einst, als ein Bauer einen Forstweg zur leichteren Holzbringung in seinen Wald hinein angelegt hat. Die biblische Aufforderung verlangt heute demnach ein ganz anderes Vorstellungskorrelat als bei den Hirtenvölkern vor unserer Zeit[61]. Für sie war die Natur – und da kommen wir wieder auf C. G. Jung zurück – noch vom Bösen erfüllt. Der Unwägbarkeit, die sie mit sich bringt, war mit nichts beizukommen. Die Ereignisse traten ohne Bezugsrahmen ein, in dem man sie zumindest erklären oder sogar vorhersagen hätte können. Ein Blitz kam damals buchstäblich aus dem heiteren Himmel. Aber solcherart Böses haben wir bezwungen, und konnten in der Folge Gott für gut erklären. Wir bräuchten daher auch nicht mehr die Herrschaft über die Fische des Meeres, die Vögel des Himmels, und so weiter, ständig auszubauen. Das Motiv, wonach aus der Unwirtlichkeit unserer Umgebung erst das

Gute kommt, und dass wir umso stärker sind, je härter die Überwindung des Bösen war – im Sinne des Augustinischen *bonum ex malo* –, ist überholt. Es reicht aber nicht, das allein zu erkennen. Denn unsere Rastlosigkeit in Sachen Beherrschung der Welt ist nicht nur auf die in der zitierten Bibelstelle geforderte Unterwerfungsgeste zurückzuführen, sondern auch auf die eindeutige Entscheidung zwischen Wertschätzung und Wertschöpfung.

Wir ordnen dem Diktat der Wirtschaftlichkeit so ziemlich alles unter. Jede Entscheidung in Zusammenhang mit der Gestaltung unserer Lebensumgebung ist daher in erster Linie eine wirtschaftliche. War die Wirtschaftlichkeit des lange Zeit landwirtschaftlich geprägten Lebens auf dem Land die Sparsamkeit, so ist sie jetzt einzig die Einträglichkeit. Wir stellen uns nicht die Frage, *wo* wir leben wollen, sondern *wie* wir leben wollen, und beantworten es mit: einträglich. Im öffentlichen Diskurs ist es so gut wie ausgeschlossen, mit der äußerlichen Gestaltung zu argumentieren. Wie in meinem Buch *Mut zur Schönheit* ausgeführt, scheint nur die wirtschaftliche Begründung von Entscheidungen, die in der Folge unsere Landschaft prägen, zulässig zu sein. Das überrascht nicht, in einer Gesellschaft, die bereit ist, Lebensbereiche wie Bildungssystem oder Staat, die eben gerade keine Betriebe sind, betriebswirtschaftlich organisieren zu wollen, beziehungsweise ernsthafte Diskussionen darüber zu führen.

Wir haben daher Scheu, Räume und Landschaften, Orte und Viertel, entstehen und wachsen zu lassen, wenn es sich auch betriebswirtschaftlich organisieren lässt. Weil eine freie Fläche weniger Rendite bringt als eine bewirtschaftete, ist sie sogleich umzuwandeln. Als Gesellschaft überlassen wir sie daher rasch und gerne denen, die ihre kommerziellen Interessen dort verwirklichen. Für die Folgen, die das für die Ästhetik mit sich bringt, ist dann niemand verantwortlich. Es braucht also wieder eine politisierte Diskussion über Lebensformen *in ihrer Äußerlichkeit*. Wir fürchten uns davor, weil uns die Ideologen vergangener Regime schon einiges hinterlassen haben. Bestimmt von dieser Angst flüchten wir ins Faktische, in die rational-rationelle Bewältigung der Umstände und verzetteln uns, wie wir im nächsten Kapitel sehen, im Detail. Die vermeintliche Freiheit der Politik in ihren Entscheidungen ist vielfach der Entscheidungsmöglichkeit zwischen zwei ausschließlich wirtschaftlichen Alternativen gewichen.

Und wenn die betriebswirtschaftliche Logik als Argument für das angestrebte Organisationsprinzip nicht mehr reicht, wird zuletzt noch der Vergleich mit irgendwelchen Kennzahlen vermeintlich aufstrebender Länder in Südamerika oder Fernost ins Treffen geführt, die es – ebenso vermeintlich – nötig machen, gleichzuziehen. Es kann, dieser Logik folgend, hier kein angenehmes Leben in schöner Umgebung geben, solange wir in einem Bereich diesen Ländern hinterherhinken. Das Denken in Ranking-Listen, das uns Boulevardmedien wöchentlich vom Friseur bis zum Zahnarzt, vom Pfarrer bis zu den Unis vorexerzieren, hat seine Auswirkungen: Glück ist kein absoluter Zustand, mit dem wir uns zufrieden geben, wenn es sich wohltuend einstellt, sondern es wird in Vergleichszahlen und im Verhältnis zu anderen ausgedrückt. Wohltuend ist demzufolge nur „Erster in Glück" zu sein.

Das Ziel, im globalen Wettbewerb der Zahlen mithalten zu können, lässt keine Rücksicht auf unsere Lebensumgebung zu. Erst wenn wir uns sicher sein können, die wirtschaftlichste und einträglichste Welt um uns gebaut zu haben, können wir uns um deren Aussehen kümmern – anders gesagt: *um unser Leben* kümmern. Bis dahin benennen wir sie nach den Verursachern, aber natürlich nicht, um sie anzuprangern – es dient Werbezwecken. Die in die Landschaft geschlagenen Straßen bekommen die Namen der Konzerne, zu deren Hochregallagern sie führen. Der Sparkassenplatz, der in unseren Breiten vielfach zu finden ist, nimmt sich da geradezu als Kleinstadtidyll aus. Von den namensgebenden Revolutionären und Helden sind wir direkt im Kommerz gelandet. Auch solche Namensgebungen schreiben Geschichte im Raum.

Eine dritte Begründung für die fortschreitende *Nützlich-Machung* unserer Lebensumgebung ist der Fortschrittsglaube. Bei manchem Vortrag, der sich kritisch mit der derart verlaufenden Veränderung unserer Lebensumgebung befasst, bekomme ich von Kommunal-Politikern und Investoren das scheinbar alles erklärende Argument zu hören: Würden wir nicht all die Ausbreitung von Infrastruktur und Gebäuden zulassen, säßen wir doch wohl noch *auf den Bäumen*. Hier begegnet uns also ein letzter Rest von Natur als Hemmschuh für den – meist technisch gemeinten – Fortschritt. Die Natur muss, um diesen nicht weiter zu behindern, eliminiert werden. Und weil es uns hier nicht um Natur im engeren Sinn geht, sind damit auch die gewachsenen Strukturen unserer gebauten Landschaft gemeint. Weil der technische Fortschritt im Wesentlichen als Automatisierung und dieser vorausgehender Standardisierung daherkommt, was in der Folge eine Rationalisierung ermöglicht, erinnern wir uns an dieser Stelle an ein ambitioniertes Ehepaar, das mit „seiner" Lebensumgebung genau in diesem Sinne verfahren wollte.

Die Ceaușescus waren es, die viel übrig hatten für die Dorferneuerung in ihrem Land. Modernisieren und zivilisieren nannten sie das, was sie ihren Landsleuten angedeihen ließen. Und Frau Elena kümmerte sich ganz persönlich um die Details. Im Jahr 1986 suchte sie beispielsweise ihren Geburtsort Petresti heim. Ihre dunkle Staatslimousine musste die First Lady Rumäniens gar nicht verlassen, um gestalterisch einzugreifen. Mit dem Zeigefinger deutete sie durchs Fenster auf einige alte Häuser. Und das bedeutete „modernisieren und zivilisieren!" Zu erledigen hatten das Bautrupps, die vor allem in Sachen Demolieren richtig gut waren. Unmittelbar nachdem Elena Ceaușescu über die staubigen Straßen wieder fort war, begannen sie ihre Arbeit.[62] Sie sollten die von ihrem Mann Nicolae bereits im Jahr 1967 ersonnene Idee verwirklichen, die Dörfer zu „systematisieren". Das Dorfsystematisierungsprogramm sollte bis zum Jahr 2000 die Hälfte aller rumänischen Dörfer betreffen[63]. Zu diesem Zeitpunkt waren die beiden Eheleute aber schon einige Jahre tot.

Wir könnten es uns natürlich leicht machen, und darauf verweisen, dass das Diktatoren-Ehepaar Ceaușescu schon hochgradig verrückt war, als die ersten Dörfer „systematisiert" wurden. In den Jahren, bevor sie im Zuge des zu Ende gehenden Kommunismus in Osteuropa von der eigenen Bevölkerung vertrieben und dann in einem Hinterhof erschossen wurden, ist ihnen doch jeder Bezug zur Realität abhanden gekommen. Gewiss – aber es ist ihnen in dieser Phase zwischen sozialistischem Traum und Despotismus nicht nur um die Verwirklichung der dazu passenden stalinistischen Ästhetik gegangen. Es ist ihnen vor allem um etwas gegangen, was wir heute als selbstverständliches

Gestaltungsprinzip all der Dinge, die uns umgeben, und all der Abläufe, in die wir involviert sind, betrachten: um Systematisierung und Standardisierung. Und das, soweit für sie damals der Horizont gereicht hat, in der gesamten Landschaft des Landes.

Wir bewerkstelligen das Dorferneuerungsprogramm mittlerweile selbst und ohne Zwang. Hier handelt es sich also um einen Fall, in dem sich die Geschichte tatsächlich wiederholt. Karl Marx zufolge natürlich nicht genau gleich. Einmal ist sie Tragödie, und zwar wie sie sich in totalitären Regimen abgespielt hat. Etwa im geschilderten Fall Rumäniens, aber genauso etwa beim Bau der Hermann-Göring-Werke in Linz, wo zuvor ein ganzer Stadtteil dem Erdboden hat gleich gemacht werden müssen. Beides ist mit existenzbedrohender Vertreibung und Not einhergegangen. Die Wiederholung der Geschichte ist dann nur mehr eine lumpige Farce, die mit Kommerz und Achtlosigkeit einhergeht. Menschen werden nicht brutal binnen Stunden abgesiedelt, weggezerrt und woandershin gezwungen. Es ist vielmehr eine *lustige* Umgestaltung in einen Industrie-, Gewerbe- oder Funpark, im Ergebnis oft noch zerstörerischer.

Die Standardisierung heißt dann Best-Practice-Modell. Die Nutzung und Organisation einer Region wird unabhängig der konkreten Ausgestaltung einer bestimmten Landschaft übergestülpt. Hier hat das Zerstörerische die Anmutung des Praktischen: Man muss doch nicht alles neu erfinden, wenn es sich woanders schon bewährt hat. Spezifische regionale Rahmenbedingungen werden außer Acht gelassen. Aber eine Standardlösung, die immer und überall anwendbar sein soll, passt natürlich nirgends[64].

Auch wenn sich zum Glück die Ziele dieser Standardisierung bei Tragödie und Farce deutlich unterscheiden, Begründung dafür und Auswirkung auf die Menschen sind dieselben. Es sei zum Fortschritt der Gesellschaft, zu deren Besserem, und es führt zu einem Verlust von Geschichte und Erinnerung, zu einer Wesenlosigkeit der Landschaft – letztlich zu einem Identitätsverlust. Oder aber: Zu einer neuen Identität, von der es allerdings zweifelhaft ist, ob wir sie wollen.

II. WIR VERZETTELN UNS

„Ziehen Sie auf's Land, dann haben Sie es weiter in die Stadt!"
– WERBESLOGAN EINES AUTOHERSTELLERS

Klares Denken für klare Formen

„Kann ich den Schraubenzieher … kann ich die Butter …" – meine Kinder können mich mit solchen Formulierungen in den Wahnsinn treiben. „Was? Ausleihen, behalten, verwenden, kaufen?" Es erscheint ihnen aufgrund ihres Alters natürlich kleinlich, wenn ich auf eine Vervollständigung des Satzes dränge, erschließe sich doch aus der Situation ohnedies, wie er wohl weitergegangen wäre. Jedenfalls für sie. Vielleicht ist es kleinlich. Trotzdem bestehe ich darauf, und möchte, dass Sätze zu Ende gesprochen werden, weil sie sonst, vor allem, wenn es um komplexere Zusammenhänge geht, auch nicht zu Ende gedacht werden.

Es wäre nicht schlimm, wenn man über das eine oder andere zu einem späteren Zeitpunkt nochmals nachdenken könnte. Es ist aber in unserem Fall, in dem wir uns ansehen, wie sich diese Haltung auf unsere gebaute Lebensumgebung auswirkt, schon wesentlich problematischer. Und wie wir vielfach in 140-Zeichen-Mitteilungen nichts mehr zu Ende denken können, denken wir auch nicht über 140 Quadratmeter Verschandelung hinaus, die wir begehen. Nicht zu Ende gedachte Gedanken sind in diesem Fall aber gleich in Stein gemeißelt, oder in Beton gegossen, und produzieren Stückwerk in unserer Landschaft. Wir empfinden sie so wenig als harmonische Komposition, wie wir in der Lage sind, im Alltag einen größeren Gedankenbogen zu spannen. Viele Medien, die wir täglich konsumieren, entwöhnen uns geradezu davon. Wer in digitalen Texten ständig durch Links einzelne Aspekte detaillierter illustriert bekommt als momentan nötig ist, oder – weil ein Stichwort dazu anregt – an eine Stelle in einem anderen Text geleitet wird, verliert die Fähigkeit, einen Gedanken linear zu entwickeln, oder zumindest den eines anderen nachzuvollziehen. So lässt sich kein Bogen spannen. Was ursprünglich als Vernetzen und als Zusammenschau gedacht war, was also eine höhere Erkenntnis hätte bringen sollen, wird zum Auseinanderfallen in Elementarteilchen und wird zum *Verzetteln*.

Unsere Gesellschaft kann sich – wie nie zuvor – in der Kommentierung eines Halbsatzes ergehen, etwa in der Hysterie der Sozialen Medien, ohne in der grundsätzlichen Debatte auch nur ein Stück weiterzukommen. Eine solcherart eingeübte Wahrnehmungs- und Diskurspraxis prägt nicht nur den diskursiven virtuellen Raum, sondern auch den, durch den wir uns ganz realiter bewegen. Ein Raum als Ensemble kann auf diese Weise weder wahrgenommen noch gestaltet werden. So wie wir uns also im Diskurs *verzetteln* und keine Diskussionsstränge mehr zusammenbringen, bilden sich keine Entwicklungsstränge in unserer gebauten Lebensumgebung heraus. Wir finden nicht einmal dort die Jahresringe der Besiedlung, wo wir die Umgebung nicht der natürlichen Entwicklung überlassen, sondern sie vermeintlich planen.

Die Verzettelung ist in diesem Zusammenhang nicht nur eine metaphorische. Wir verzetteln uns in einer Regelungswut mit Normen bis ins kleinste Detail, die auf die Gesamtanmutung der Welt, in der wir uns bewegen, aber leider keinen Einfluss haben. Bis in den Millimeterbereich sind Türbreiten, Stufen- und Brüstungshöhen, Dachneigungen und Firstausrichtungen, Glasstärken und Beschattungen geregelt – vermeintlich zu unserem Wohle, wie sich in manchen Fällen allerdings herausstellt, nur zum Wohle mancher Hersteller, die gut lobbyiert haben. Beispiel: der Schutz vor dem vermeintlich so gefährlichen Paternosterfahren. Diese in einer Verordnung der deutschen Bundesregierung als „Personenumlaufaufzüge" bezeichneten Fahrstühle, an denen das Herz so mancher Nostalgiker hängt (sozusagen der Oldtimer für Liftfahrer), sollten nur noch mit einem eigenen Führerschein benutzt werden können. Den entsprechenden Kurs dazu sollte der Arbeitgeber abhalten. Wenig überraschend kam die Initiative dazu von den Verbänden der deutschen Aufzugbranche, die natürlich daran verdient, wenn alte durch neue Aufzüge ersetzt werden.[65] Welche Experten und Branchenvertreter in Österreich in den Arbeitsgruppen des für solche Normierungen zuständigen privaten Vereins *Austrian Standards* sitzen, bleibt überhaupt im Dunkeln. Im Mailverkehr mit dem zuständigen Referenten am Bauamt können dann all die Details abgehandelt werden, bis man einen Plan hat, der vermeintlich am besten in unsere Welt passt, weil er allem entspricht, was der Normenkatalog vorsieht. Welche Vorstellungen von dieser Welt aber jene haben, die darin leben werden, ist kein Faktor.

Ein Blick in die gebaute Landschaft zeigt: Die Summe aller Details, die aus brandschutztechnischen und tausenden anderen Gründen nur so und nicht anders errichtet werden können, sind keine sinnvolle Regelung für das Zusammenspiel in der Gesamtheit. Was bringt schon eine Mindestdachneigung, die ein Gestaltungsbeirat für ein Wohnhaus vorschreibt, wenn das Hochregallager daneben, aufgrund seiner Nutzung ganz anderen Parametern unterliegt. Wer an beiden vorübergeht, bedenkt nicht die verschiedenen rechtlichen Grundlagen, auf denen diese Entscheidungen basieren mögen. Wir fühlen uns einfach unwohl in der Gesamterscheinung dieser Gegend, weil sie im Großen und Ganzen misslungen ist. Weil wir uns im Detail verzettelt haben. Regeln für das große Ganze sind verpönt. Mit umso größerem Eifer stürzen wir uns daher ins Kleinklein.

Wir haben uns daran gewöhnt, dann alles richtig gemacht zu haben, wenn wir nur brav alle kleinen Vorschriften erfüllt haben. Dazu werden jene, die in diesen Jahren eine Universität besuchen, ganz nachdrücklich erzogen. Mit großer Zuwendung geht man allen Formalerfordernissen nach, die Kurse oder Hausarbeiten erfordern, kümmert sich wenig um das System, in dem das alles stadtfindet (altertümlich hieße das: politisches Engagement) und hat die individuelle Karriere im Fokus.

Wir bauen nicht anders: Augen-zu-und-durch heißt es bei der Erfüllung aller formalen Auflagen, um rasch eine behördliche Zustimmung zu erhalten, die Gesamterscheinung, gleichsam die Schönheit des Ganzen, ist unerheblich, aber am Ende will man doch, wieder ganz individuell, Aufmerksamkeit erregen.

Aufmerksamkeit erregen und Verzetteln stehen in engem Zusammenhang. Denn die Aufmerksamkeit, die man erhalten kann, ist zum Selbstzweck geworden. Es geht bekanntermaßen, vor allem in den Sozialen Medien, nicht darum ein Anliegen weiterzutreiben, zu debattieren und dafür die nötige Aufmerksamkeit zu bekommen. Es geht um die Aufmerksamkeit auf sich selbst, um den Hinweis: Mich gibt es auch noch! Vielmehr als das mühsame Arbeiten durch die entbehrungsreiche Ebene, also das Dranbleiben und Durchdenken eines Themas, führt eine singuläre schrille Äußerung viel leichter zu einer hohen Erregungsamplitude. Singuläre Äußerungen aber sind der Inbegriff des Verzettelns, wenn auch in unserem Fall ganz ohne Zettel.

Das digitale Schreien gleicht dem Schreien mit einem Gebäude. Nicht nur, dass beides stumm erfolgt. Es ist vor allem die Unfähigkeit zum sorglosen Genuss, der mit der Sorge vertauscht wird, dass die anderen auch herschauen. Diese Sorge ist zum tragenden Lebensgefühl der Wohlstandsgesellschaft geworden[66]. Bemerkenswerterweise war es ein Softwareentwickler *und* Architekt, der die Ökonomie der Aufmerksamkeit so grundlegend beschrieben hat: Georg Franck hat die Aufmerksamkeit schon im Jahre 1998 als die *unwiderstehlichste aller Drogen* bezeichnet. *Ihr Bezug sticht jedes andere Einkommen aus. Darum steht der Ruhm über der Macht, darum verblasst der Reichtum neben der Prominenz.* Nun ist aber die Menge der Aufmerksamkeit, die die Gesellschaft zu vergeben hat, quantitativ konstant, und könnte nur wachsen, wenn das Niveau der zwischenmenschlichen Wertschätzung steigt[67]. Da dies aber nicht der Fall ist, die Mitspieler immer mehr werden, und zudem – und das ist für unseren Aspekt der Gestaltung unserer Lebensumgebung von Bedeutung – die Reglements immer mehr werden, stellt sich die Frage, wie da noch aufzufallen ist.

Gebäude als laute Zwischenrufe

Die Antwort darauf sind spektakuläre skulpturale Superzeichen[68]. Das sind jene Gebäude, die wir als Passanten oder

Benützer in ihrer Konzeption kaum erfassen, ohne dass uns jemand gezielt darauf aufmerksam machen würde, welche Aussage sie gerne treffen möchten. Ein *Devoloper* legt diese Herangehensweise ganz unfreiwillig offen dar: „Mit dem Kauf des Headquarters ist es uns gelungen, ein erstes Ausrufezeichen zu setzen“[69]. Solche Gebäude erstaunen uns, und ziehen unsere Aufmerksamkeit auch außerhalb des Architektur-Feuilletons auf sich, weil sie etwa aussehen, als wäre gleich die auf der erstbesten Serviette gefertigte Entwurfsskizze zur Ausführung gekommen, als seien ein paar Holzklötze aus der Spielkiste im Kinderzimmer Vorbild gewesen – wie ein Produkt, das von dem Unternehmen, das dort einzieht, verkauft wird. Eine Deckenstruktur im Vorstandsbesprechungssaal folgt einem fein ziselierten geometrischen Muster, das auf dem Computer entworfen worden ist. Es war ein einsames Spiel am Entwurfstisch. Denn nach der Führung durch den Architekten bei der Eröffnung wird es von niemandem mehr bemerkt. Stilübungen, die die Branche zur Selbstversicherung gelegentlich einem Casting unterzieht, dessen Sieger dann prämiert wird.

Solche Gebäude mögen in manchen Fällen infantil, in anderen intellektuelle Metaphorik sein. Das wird in den einschlägigen Foren ausführlich diskutiert, und sei hier dahingestellt. Denn sie stören unseren Blick in die uns umgebende Welt nicht – weil sie sie nicht ausmachen. Sie sind nur ab und zu für die Wiedererkennung dessen wichtig, was darin geschieht. Nicht anders als das in einer religiöser geprägten Welt einmal der Wiener Stephansdom war, in einer politisch-militärisch geprägten Welt das Berliner Brandenburger Tor, das in früheren Tagen ja auch Friedenstor genannt wurde, oder in einer künstlerisch geprägten Welt (und sei es nur die

Ingenieurskunst) der Pariser Eiffelturm. Allesamt Superzeichen, die in ihrer Entstehungszeit den jeweiligen Charakter der Gesellschaft punktuell widergespiegelt haben. Die tatsächlich unmittelbare Lebensumgebung der Menschen, den Raum, in dem sie sich bewegt haben, hat solche Architektur allerdings nicht geprägt. Sie sind singuläre Erscheinungen, aus denen wir nicht die Anmutung eines ganzen Raums ableiten können.

Heute finden wir diesen Anspruch, europaweit zum Landmark, zu einem ikonographischen Gebäude zu werden – und das überrascht jetzt wenig – vorwiegend im Bereich der Wirtschaft, also bei Bank-Gebäuden. Fernsehzuschauer, die von Großbritannien bis Griechenland die jeweiligen Hauptnachrichtensendungen in ihrem Land sehen, sind kaum mit einer anderen Facade häufiger konfrontiert als mit der der EZB, der Europäischen Zentralbank. Von oben nach unten, von links nach rechts und umgekehrt abgeschwenkt, erfahren sie zu diesen Bildern die jüngsten Entwicklungen und wie es um den Kontinent und seine Bonität steht. Anleihekäufe und Zinsentwicklungen sind nicht anders zu illustrieren, scheinen aber Weh und Wohl des Kontinents maßgeblich auszumachen. Hier ist die Facade erwartungsgemäß geprägt von Glas, das uns Transparenz vermitteln soll. Ein Schlagwort, das wie kein anderes den öffentlichen Diskurs beherrscht und in unserer Gesellschaft zum Fetisch geworden ist[70]. Die Transparenz gaukelt uns in diesem Fall Durchschaubarkeit der Abläufe in dem Gebäude vor, die es tatsächlich natürlich nicht gibt, weil der Großteil aller Zuseher gerade nicht durchschaut, warum mit einem Milliarden-Programm Billionen-Investitionen in Europas Wirtschaft erzielt werden sollen.

Das nicht eingelöste Transparenzversprechen macht den handelnden Personen zumindest ein schlechtes Gewissen. Denn anders ist es wohl nicht zu erklären, dass die Errichter diesen ikonographischen Bau, der für hunderte Millionen Europäer von Bedeutung sein kann, und 1,3 Milliarden Euro gekostet hat, nur im kleinen Kreise eröffnen wollten. Ursprünglich waren nur 19 Personen zur Eröffnung im März 2015 geladen. Tatsächlich war es dann doch eine Handvoll mehr, die im Gebäude gefeiert hat. Draußen waren die, die die Ikonographie des Gebäudes als Stinkefinger begriffen haben, den ihnen die Finanzwelt entgegenstreckt – und den der damalige griechische Finanzminister, umgekehrt, ebenfalls dieser Welt gezeigt hat. Eine solche Metaphorik liegt übrigens auch bei dem eingangs skizzierten Beispiel des Valser Hochhauses nicht fern.

Aber wir verzetteln uns schon wieder mit solchen singulären Erscheinungen, die wir medial zerlegen und die – im Falle der EZB – der österreichischen Hauptnachrichtensendung des ORF sogar einen reinen Architektur-Bericht wert war[71]. Denn solche Gebäude, die wie dieses, im Mittelpunkt aktueller Architekturkritik steht, vermitteln uns fälschlicherweise den Eindruck, dass sie die Lebensumgebung prägen, in der wir uns aufhalten. Tatsächlich führt uns unser täglicher Weg zur Arbeit, in die Schule, zum Arzt oder zum Einkaufen aber durch ganz andere Landschaften. Manchmal vielleicht kommen wir am Fuße eines solchen ikonographischen Gebäudes vorbei. Aber wenn Dienstschluss ist, durchlaufen wir die kalte Leere einer betongeprägten, vergessenen Erdgeschoßzone, bevor wir uns in den gewiss sehr nützlichen Transiträumen verlieren, und Stunden auf Stadtautobahnrampen und in U-Bahn-Schächten verbringen, ehe wir durch die urban-ruralen Hybridräume nach Hause kommen.

Dort begegnet uns die nächste Abbildung unseres Verzettelns – und zwar in allergrößtem Ausmaß. Es sind die Landschaften, in denen sich die zuvor beschriebene mangelnde Fähigkeit linearen Denkens, die Sprunghaftigkeit von einer Ebene zur nächsten, am deutlichsten zeigt; dort, wo wir gleichsam von einem Text in den nächsten geraten. Es ist die wabernde Masse des letzten Rings, der sich um unsere Siedlungen gebildet hat: Das flache Land mit seinen verstreuten Einfamilienhäusern, die sich grenzenlos in die Landschaft ausbreiten. Wir nennen es „Verhüttelung".

Verzetteln in der Landschaft – die Verhüttelung

Das Einfamilienhaus, ein Vorbote des Unheils, den man immer weiter draußen in der Landschaft antrifft, ist der Inbegriff städtischer Verantwortungslosigkeit und die Manifestation des privaten Egoismus[72]. Das ist keine aktuelle Diagnose; der deutsche Schriftsteller und Psychoanalytiker Alexander Mitscherlich hat diese Kritik an der Zerstörung gewachsener Strukturen bereits im Jahr 1965 geübt.

Seither ist die Wohnform im Einfamilienhaus zu einer so großen Selbstverständlichkeit geworden, dass wir sie für die zutiefst menschliche Art des Lebens halten, und in der Folge für ein Menschenrecht, das uns keine Bank und kein Bürgermeister verwehren darf. Die Selbstverständlichkeit macht uns glauben, diese Wohnform sei schon immer dagewesen. In der aktuellen Form, mit knapp tausend Quadratmetern terrassierter eingezäunter Wiese, in ihrer Mitte ein

Kleinfamilienhäuschen mit Doppelgarage, ist sie allerdings eine Erscheinung der Nachkriegszeit und steht somit in der Siedlungsgeschichte unserer Gesellschaft gleichsam in der letzten Sekunde. Aber weil wir das Einfamilienhaus als Ausnahmeerscheinung *domus* auch im antiken Rom antreffen, projizieren wir unsere Vorstellung der Koniferen umfriedeten Behausung bis in die Steinzeit zurück. Schon in zeitgenössischen Darstellungen des 19. Jahrhunderts trifft man auf die vermeintlich steinzeitliche Höhle, in der eine das Kind beschützende Frau sitzt, und davor der die Bären verjagende Mann kämpft[73]. Durch Darstellungen dieser Art, die sich nach wie vor als Archetypus von Familie in unserer Vorstellungswelt befinden, meinen wir, mit dem Sesshaftwerden des Menschen habe sich auch gleich die Reihenhaus-Höhle (respektive Hölle) herausgebildet.

So schnell ist es freilich nicht gegangen: Da war noch das Schloss, die Burg und der Hof dazwischen, die in ihren Formen für das heutige Einfamilienhaus Pate stehen. Geschrumpft auf eine Minimundus-Version sind diese *homes* zum *castle* der Kleinfamilie geworden, und zur liebsten Wohnform. In wiederkehrenden Meinungsumfragen liegt der Anteil derer, die das Einfamilienhaus für ihre bevorzuge Wohnform halten, bei etwa drei Viertel der Befragten[74]. Die Folge ist ein Anstieg der Zahl dieser Gebäude weit über dem Bevölkerungswachstum. Sowohl in Deutschland als auch in Österreich ist allein in der Zeit nach der Jahrtausendwende bis heute die Zahl dieser Häuser um etwa zehn Prozent gewachsen[75]. Sie prägen wie keine andere Bauform die Anmutung unserer Landschaft, obwohl sie bis zur Mitte des 20. Jahrhunderts so gut wie nicht vorhanden waren.

Ein deutscher Automobilhersteller warb einst mit dem Slogan „Ziehen Sie auf's Land, dann haben Sie es weiter in die Stadt!"[76] Weit mehr Menschen als sich das damit beworbene Audi-Coupé gekauft haben, folgten diesem Appell, und sind dann einen zu großen Teil ihrer frei verfügbaren Zeit in einem Auto gefangen, das wohl weniger Spaßversprechen einlöst, als es die Werbung einst nahegelegt hat.

Erwartungsgemäß lässt diese Wohnform die Zahl der Pendler stark ansteigen. So ist in Österreich etwa der Zuwachs bei der Zahl der Erwerbstätigen in den letzten 40 Jahren so groß wie der Zuwachs bei der Zahl der Pendler[77]. Natürlich liegt diese Entwicklung auch in der Bereitschaft und Notwendigkeit begründet, einen Arbeitsplatz anzunehmen, der weiter entfernt liegt. Aber umgekehrt ist das ebenso eine Folge der Wohnortwahl, dem Wunsch entsprechend, *im Grünen* leben zu wollen. Damit sind wir beim großen – sozusagen gewerbsmäßigen – Selbstbetrug, den wir in diesem Zusammenhang an uns begehen.

Das Einfamilienhaus im Grünen scheint das Versprechen von Stadt und Land einzulösen, und bringt doch nur von beidem die Nachteile – oder besser: produziert sie erst. Denn die Zeit für das angenehme Leben, das man sich im Liegestuhl im kleinen Vorgartengrün ausmalt, wird von Stunden des Pendelns aufgefressen, und das ist vielfach der Gegenpol zu dem, was wir uns unter *schöner Zeit* vorstellen. Sie bräuchte auch eine schöne Umgebung, die auf dem Weg *ins Grüne* aber nicht mehr zu finden ist. Denn der Weg dorthin führt durch den hässlichsten der zuvor beschriebenen Siedlungsringe, den Hybridraum, der uns als Gesellschaft passiert ist, und den wir in Mußestunden niemals freiwillig aufsuchen würden. Die größten Ungetüme an

Auf- und Abfahrtsrampen von Schnellstraßen und Autobahnen sind hier zu finden, und die größten Ungetüme an Hallen, die uns vermeintlich die notwendigen Besorgungen erleichtern würden. Wessen Motiv für das Haus *im Grünen* nur ein wenig von Landlust geprägt war, müsste schon hier feststellen, dass die Durchdringung dieses Gürtels, der weder etwas mit dem Dschungel der Stadt, noch den Abenteuern des Landes zu tun hat, alles zunichte macht, was man sich außerhalb allenfalls noch erwarten könnte. Das wird nicht zuletzt auch deshalb akzeptiert oder erfolgreich verdrängt, weil viele nach geraumer Zeit *im Grünen* den Wunsch verspüren, ihre Umgebung möge sich doch ein wenig urbaner anfühlen. Monströse, wenn auch unnötige Infrastruktur, vermittelt gelegentlich dieses Gefühl.

Der Selbstbetrug mit dem Leben im Grünen geht eng einher mit dem Betrug, in dieser Wohnform ökologisch nachhaltig leben zu können. Denn jedes Solarpaneel, das man im Garten oder auf dem Dach aufstellt, wiegt nicht die ökologischen Kosten für die Infrastruktur auf, die die Gebäude weitab dicht verbauter Räume verschlingen. Es ist sinnlos, für das Biojoghurt mit dem Auto ins Einkaufscenter zu fahren. Ein Auto, oder besser zwei, zu besitzen, ist für diese Wohnform mit der Kleinfamilie im Einfamilienhaus aber konstitutiv; auch für das soziale Leben, das uns zum nächsten Selbstbetrug bringt, der damit einhergeht.

Soziale Bindungen sind nur über verhältnismäßig weite Strecken zu erreichen. Eine Befürchtung, die bei manchen schon im Zuge der Errichtung ihres Eigenheims aufsteigt. Eine bisher in der Stadt lebende Schulfreundin meiner Tochter freut sich etwa schon auf den kleinen Pool im Garten des neuen Hauses *am Land*. Aber es wird seit Längerem nicht bezogen. Vordergründig, weil noch die eine oder andere Sesselleiste fehlt, und man Halbfertiges selbstverständlich ablehnt. Aber da das Mädchen von ihren Eltern damit getröstet wird, dass sie doch noch ein wenig die Annehmlichkeit genießen soll, ihre Freundinnen ums Eck wohnen zu haben, und morgens eine Stunde länger schlafen zu können („denn dann stehen wir eine Stunde im Stau"), dürften die Gründe für die Verzögerung doch in den ersten aufkommenden Zweifeln am vermeintlichen Sehnsuchtsort liegen. Dabei sind es aber gerade die Kinder, deren Geburt bei vielen Eltern die Überlegung zu dieser Wohnform erst aufkommen lassen; Überlegungen, die die Eltern zuvor für sich selbst nie angestellt hätten.

Und auch am anderen Ende des Lebensbogens stellt sich das am Ende der Stichstraße gebaute Haus als Belastung heraus. Der demographischen Entwicklung zufolge wird der Anteil der Über-80-Jährigen im Jahr 2030 knapp zehn Prozent der Bevölkerung ausmachen. Das zeigt, dass eine vollständig auf das Auto aufbauende Lebensform nicht zielführend ist. Denn ein Großteil der Menschen in diesem Bevölkerungssegment wird alleine in den viel zu großen Häusern leben, einsam neben den viel zu nahen Nachbarn. Diesen Häusern liegt also ein Zusammenlebensmodell zugrunde, das es de facto immer seltener gibt. Während konservative Parteien schon mit sich ringen, und die Schuld für die Illusion Kernfamilie nicht mehr der Realität geben, halten viele Häuslbauer weiterhin daran fest.

Vielfach sind sie geleitet vom nächsten auszumachenden Selbstbetrug: dem der vermeintlich individuellen Gestaltungsmöglichkeit des eigenen Lebensraums. Hier bilden sich die Unfähigkeit und der Unwille, sich in eine frei gewählte

Gruppe der Gesellschaft einzufügen, am deutlichsten ab. Niemand ist gezwungen, sich an genau dieser oder jenen Stelle niederzulassen. Aber wenn man sich dafür entscheidet, könnte ein Blick in die bestehende Umgebung nicht schaden. Auch wenn der eigentlich in den meisten Fällen schon gar nicht mehr nötig ist, da viele ringsum das gleiche gemacht haben wie der nächste, der kommt: mit seinem Haus nach Aufmerksamkeit zu schreien. Ein Gefühl dafür, wie man sich harmonisch einfügen könnte, lässt sich da freilich nicht mehr entwickeln.

Hier ist das Zerfallen der Gesellschaft in ihre Elementarteilchen am besten sichtbar. Aufmerksamkeit wird zum Teil eines ökonomischen Plans, der mit dem Gebäude verfolgt wird. Verblendet von der Idee, dass die zuvor beschriebenen metaarchitektonischen Formen der Superzeichen unsere Lebensumgebung ausmachen, muss auch das Kleinfamilienhaus zu einer sichtbaren Ikone werden. Das gelingt mit den am häufigsten eingesetzten Mitteln, mit denen des Baumarkts, natürlich am allerschlechtesten. Womöglich würde gerade die intensive Schulung der in diesen Dingen vernachlässigten Baumarktverkäuferinnen und Verkäufer die nachhaltigste Wirkung auf unsere Lebensumgebung haben.

Gelingt die Verwirklichung der persönlichen Vorstellung von Idylle tatsächlich in einem Fall, stellt sie sich im weiteren Raum trotzdem nicht ein. Denn eine noch so durchdachte Formensprache lässt sich nicht unabhängig von der Umgebung herstellen. In manchen Pool-Dörfern verstecken sich diese Planschbecken hinter kühl-modernen Schuhschachteln, nebst Tyrolean-Style-Haus und niedersächsischem Fachwerkbau: Häuser, die nichts miteinander zu tun haben, für Menschen, die nichts miteinander zu tun haben, sondern lose durch den Siedlungsbrei schwimmen.

Schönheit hat ihren Preis, ist in der Folge zu hören, und meint, dass Wohnen in Umgebungen ohne diese Auswüchse eben nicht mehr leistbar sei. Aber die vermeintliche Wirtschaftlichkeit der Verhüttelung in und über den Speckgürtel hinaus ist schon der nächste Selbstbetrug. Denn tatsächlich rechnet sich diese Wohnform weder für den Einzelnen, und noch weniger für die Gesellschaft, die das großzügig unterstützt.

Der Einzelne lässt bei der Rechnung des auf den ersten Blick günstigeren Wohnens zumeist die Gesamtkosten der Mobilität weg. Von der Errichtung der Garage, über Anschaffung, Erhalt und Betrieb des Autos, manchmal notwendigerweise gleich zwei davon, bis zur Zeit, die man darin gezwungenermaßen zu verbringen hat, fließt wenig in die Berechnung ein. Das kostet aber Geld, das oft schon zuvor gedanklich verbucht worden ist: für die Rückzahlung eines Kredits, der die vermeintliche Idylle erst ermöglicht.

Den Kredit für ein Haus zu bekommen, betrachten wir mittlerweile als verbrieftes Menschenrecht, genau so selbstverständlich, wie nicht gefoltert zu werden. Die meisten Banken bestätigen uns darin. Die Unmöglichkeit, sich im Leben ein Eigenheim errichten zu können, wird weder gesellschaftlich noch vom Einzelnen akzeptiert. Aber natürlich geht es nicht um das Glück des Häuslbauers, das sich in vielen Fällen später als gar nicht so groß herausstellt als vielmehr um die sonstigen Profiteure an der Sache. Die Banken sind an ihnen in der jüngeren Vergangenheit nur einmal wirklich heftig gescheitert: Und zwar an den Amerikanern, denen sie das Geld zuerst nachgeworfen haben, die 2007 aber bedingt durch gestiegene Zinsen, nicht mehr zahlen konnten. Die Wirtschafts- und in der Folge Schuldenkrise, deren Nachwirkungen noch heute Europa und die Welt beschäftigen, haben amerikanische Häuslbauer (dort sind es eher nur Häusl-Käufer) ausgelöst – nicht verursacht, wohlgemerkt. Es war die sogenannte Subprime-Crisis, die zeigt, wie sehr sich die Weltwirtschaftskrise schon zuvor in der gebauten Lebensumgebung abgebildet hat.

Inwiefern das Samenkorn solcher Auswüchse im scheinbar unscheinbaren Häuschen versteckt ist, zeigt auch der tragische Fall des früheren deutschen Bundespräsidenten Christian Wulff, der ohne sein Krüppelwalmdachhaus in Großburgwedel möglicherweise noch immer im viel stattlicheren Schloss Bellevue residieren würde. Sein überteuertes Eigenheim war Auslöser (auch hier wieder: nicht die Ursache) einer Reihe unglücklich machender Entwicklungen. Natürlich stolpern nur die wenigsten Häuslbauer in der Folge über ungeschickte Mobilboxnachrichten an Journalisten, und nur die wenigsten haben dann in ihrem Unglück eine solche Publizität. Doch sein Schicksal steht exemplarisch für so viele Verkettungen von Umständen, die mit dem Traum von einem Haus, das man sich nicht leisten kann, beginnt, und mit dem Zerbrechen familiärer und anderer sozialer Bindungen endet.

Diese persönlichen Gesamtkosten werden nicht in Rechnung gebracht, wenn es darum geht, zu ergründen, warum diese Wohnform eigentlich diejenige ist, die einen, den zitierten Umfragen zufolge, mit fast drei Viertel der Menschen verbindet. Natürlich ist in diesem diffusen Traum das *schöne Wohnen* auszumachen. Mehr als auf *schön* liegt der Fokus dabei auf *Wohnen* als Selbstzweck – im Sinn von

Zeit für sich haben. Zeit zu haben erfordert allerdings kurze Wege zum Arbeitsplatz, Einkaufen, in die Schule etc. Die Pendelbewegungen, die manchem tatsächlich ein anschließendes Wellness-Programm abverlangen würden, lassen für diese Erholung allerdings nicht viel Platz. Obwohl das *eigene Grün* im Garten wartet (zumeist allerdings mit Arbeit).

Der *Garten* ist übrigens ein ganz zentrales Bild im Traum vom Eigenheim: unter den Stadt-Auswanderern vielfach ein Zugeständnis an die Jungelternzeit. „Jetzt, wo wir Kinder haben, suchen wir natürlich etwas im Grünen", heißt es da. Nur dort könnten die Kleinen im körperlich und sozialen Sinne gesund aufwachsen; in Freiheit durch die Wälder streifen, in Schottergruben und auf Hochständen spielen, Äpfel stehlen (das ist mittlerweile positiv konnotierter Luxus) und Bewegung an der frischen Luft machen. Auf einem solchen Land wachsen die Kinder, die mit ihren jungen Eltern *ins Grüne* ziehen aber nicht auf. Im besten Fall ist es das parzellierte Pool-Dorf, auf dessen leeren Gehsteigen nicht nur kein soziales Leben stattfindet, sondern wo auch keine solchen idealisierten Freiflächen geboten werden, die die freie Entfaltung der Kinder fördern würde. Die Träume solcher Art sind planiert und kommerzialisiert, und haben wenig damit zu tun, was wir mit der Vorstellung vom Land verbinden. Planiert, weil mit einfachen Mitteln jedes Gelände, das bis dahin noch die Anmutung einer Landschaft hat, eingeebnet werden kann. Natürliche Geländeformen zu akzeptieren, widerspräche den technologischen Möglichkeiten, die wir ausschöpfen *müssen.* Wie auf chinesischen Reisterrassen breiten sich die Garten genannten Grünflächen dann aus. Kommerzialisiert, weil das imaginierte körperlich herausfordernde Leben allenfalls in Kletter- und

Schihallen stattfindet; wenn es weniger sportlich sein soll, in den Freizeitparadiesen, die den Einkaufsparadiesen meist angeschlossen sind. Sie sind mit Konsumzwang verbunden und geben den Funfaktor vor. Wo so viele Menschen keine gewachsene Kultur- und Freizeitinfrastruktur haben, tritt natürlich ein Konzern auf den Plan. Insofern ist es – umgekehrt – wieder die Stadt, die mehr denn je zum Abenteuerspielplatz wird, wo sich allgemein zugängliche Plätze finden, auf denen ohne Konsumzwang jeder verweilen kann, und die unerwartete Entdeckungen, Einblicke und Begegnungen bereithalten.

Wenn also die Stadt ein *Freiheits*-Versprechen bereithält, dann ist es am Land ein *Freiraum*-Versprechen. Und es leuchtet auch ein, dass ein Freiraum gerade dort zu erwarten wäre, wo wir Häuser und andere Gebäude einzeln platzieren. Der freie Raum ist meist die Verlockung und Erwartung, mit der Menschen den Lebensraum Stadt verlassen, um auf's Land zu ziehen. Aber auch hier gibt es, wie bereits für die gesamte Landschaft ausgeführt, kein *Dazwischen* mehr. Auch am Land stehen nicht Häuser mit *Nichts* dazwischen. Wir vernichten den nur noch imaginierten freien Raum zwischen den Gebäuden mit größter Nachdrücklichkeit. Es ist gleichsam eine Gegenbewegung zur überall stattfindenden Entgrenzung. Weil es in unserer Lebensumgebung und Landschaft keine Grenzen mehr gibt, wollen wir sie zumindest um unseren unmittelbarsten Lebensraum ziehen, und zwar so deutlich und hoch und engmaschig wie möglich. Das ist der Charakter, den unsere Pool- und Trampolinkäfigdörfer bekommen.

Als mir auf einem Flohmarkt, noch als Schüler, eine alte Zeitung in die Hände fiel, machte ich eine bemerkenswerte

Entdeckung. Ich fand darin groß abgebildet die zeitgenössische Ansicht eines um 1900 errichteten Cottage-Viertels, eines Villenviertels am Stadtrand. Obwohl schon seit Jahren mein täglicher Schulweg durchführte, war mir nicht gleich bewusst, wo diese Landschaft war. Aber so klar hatte ich ihn bis dahin nie gesehen. Auf der Zeichnung waren Häuser zu sehen, die alle ein kleines Kunstwerk darstellten, frei auf einem Rasen stehend. Und dazwischen: *Nichts*!

Da fiel mir ein Gedicht von Christian Morgenstern ein, das uns damals gerade im Deutschunterricht begegnet war: *Es war einmal ein Lattenzaun/ mit Zwischenraum, hindurchzuschaun./ Ein Architekt, der dieses sah/ stand eines Abends plötzlich da –/ und nahm den Zwischenraum heraus/ und baute draus ein großes Haus.*

Dazwischen *nichts* – das gab es auf meinem Schulweg nicht. Nur Mauern, Thujenhecken, Schilfrohrmatten, Zäune mit Sichtschutzplanen. Wir können, offenbar schon seit Morgensterns Zeiten, nicht mit *Nichts-dazwischen*, also mit Zwischenräumen, leben. Wie selbstverständlich einst nichts dazwischen war, überraschte mich. Auch in Linz (da gab es ein Cottage-Viertel!) ist eine Gartenstadt nach englischem Vorbild, wie sie der Architekt Heinrich Ferstel in Wien errichtet hat, vorgesehen gewesen. Die nachfolgenden Eigentümer dieser gebauten Juwelen haben sich dann aber mehr an Roland Rainers Idee von Gartenstadt orientiert. Sie ist vor den Toren der Stadt verwirklicht, und bildet sich durch die vielen kleinen Höfe, die jede Grünfläche einfrieden. Die Symbiose aus den beiden Ideen ist mittlerweile der unser Land immer weiter überziehende Einfamilienhaussiedlungsbrei. Dort manifestiert sich die menschliche Geschichte als Kampf gegen den *horror vacui*. Wir müssen uns selbst diese kleine Welt um uns herum *untertan machen* – was zu einer unentwegten Anstrengung zur Bewältigung des Raumes, seiner Beherrschung und schließlich seiner Aneignung führt. Keine leere, unzuordenbare Fläche, irgendwo! Als Wien in der zweiten Hälfte des 19. Jahrhunderts Metropole wurde und auf den Gründen der weggerissenen Befestigungsanlagen die prunkvollen Ringstraßenpalais und nicht minder prunkvollen Zweckbauten entstanden, war der Raum dazwischen, der leere Raum, von gleicher Wichtigkeit: Sichtbezüge und -achsen, und vor allem die Wirkung des Raumes war Gestaltungskriterium. Selbst die Alleebäume, so wurde festgelegt, durften nicht enger als im Abstand von sechseinhalb Metern gepflanzt werden. Heute sind wir bei fünf Metern[78]. Für die Leere, und dafür, sie auszuhalten, braucht es offenbar charakterliche Stärke.

Die Positiv-Gesellschaft, die nur den Gefällt-mir-Button kennt, braucht spaßigen Lebensraum. Er ist es, der die gesamte Lebensumgebung ausmachen muss: Hüpfburg und Trampolin, Sandkiste und Ytong-Griller, Schaukel und Pool. Eine unendliche Abfolge des Immergleichen, mit blickdichtem Schutz rundherum. Die exhibitionistische Facebook-Gesellschaft versteckt sich in ihrem Garten.

Aber gerade an diesen Grenzen würden wir uns natürlich und leibhaftig begegnen. Das sind die *realen* Räume, die, wenn schon nicht kommunale Gemeinschaft, so wenigstens Gesellschaft ausmachen. In einem Retortendorf, das der Disney-Konzern im US-Bundesstaat Florida errichtet hat, wird das verordnet; gleichsam in den allgemeinen Geschäftsbedingungen der Hauskäufer. Es ist ein dickes Regelwerk, das bestimmt, dass die Bewohner ihre Terrassen gegen die Straße hin ausrichten müssen. Freiwillig macht das niemand mehr.

Freilich funktioniert diese Utopie nicht wie ein kitschiger Plot eines Films aus diesem Konzern. Aber diese Bestimmung – und ihre gegenteilige Manifestation überall anders – zeigt, wie wir in einer im virtuellen Raum alles von sich preisgebenden Gesellschaft eine Einfriedung um uns ziehen und uns abschließen. Trotzdem sind die sich abschließenden Menschen aber von der Masse fasziniert. Tätigkeiten, die man ganz alleine und ohne das Zusammenspiel mit anderen vollbringen kann, wie beispielsweise den Lauf eines Marathons, werden dann umso interessanter je mehr Menschen daran teilnehmen. Wir wollen offenbar auch dort wohnen, wo schon viele die individuelle Alleinlage gesucht haben: und geraten in die Masse der Individualisten mit blauen Dächern und venezianischen Löwen.

Wir müssen erkennen, dass der freie Blick und das Flanieren durch unsere Lebensumgebung Lebensqualität ist, die sich nicht nur in künstlich geschaffenen *Begegnungszonen* erreichen lässt. Das lehrt uns übrigens schon Morgenstern, dessen Gedicht für den Architekten am Ende nicht besonders gut ausgeht: *Der Zaun indessen stand ganz dumm,/ mit Latten ohne was herum,/ Ein Anblick gräßlich und gemein./ Drum zog ihn der Senat auch ein./ Der Architekt jedoch entfloh/ nach Afri- od- Ameriko.*

Es entstehen also auch in den Abwanderungsregionen nicht die Ideallandschaften des erträumten Landes, weil im Dorf die Verdichtung noch weniger bedacht wird als in den Städten. Wenn schon am Land, so die Argumentation, dann zumindest ein paar eigene Grashalme rundherum; eigene, selbstgegossene, gleichgeschnittene. Denn die Unwägbarkeiten der Natur, wie eingangs beschrieben, sind uns suspekt geworden. Einzig die Natur aber würde die im Namen der kleinen Kinder getroffene Entscheidung rechtfertigen. Wenn das Dorf noch Ränder hätte, ein Ende also – und es am Land *Land* gäbe –, dann würden mit dem Leben außerhalb der zentralen Städte auch die Annehmlichkeiten, die unsere diesbezüglichen Vorstellungen des Landes prägen, vor den Toren liegen. Aber in dieser Form ist das Landleben nicht zu Ende gedacht. Wir verzetteln uns einfach in der Verhüttelung, die das Ideal, das jedoch nicht einmal mehr in Spurenelementen zu finden ist, hochhält.

Noch weniger als die persönlichen Gesamtkosten bringen wir jene in Anschlag, die die Gesellschaft insgesamt treffen. Die Zersiedelung weit in unsere Landschaft hinaus gehört zu den teuersten Entwicklungen, deren Preis in Summe aber nirgends aufscheint. Sichtbarerweise beginnt es mit den Straßen, die vielfach von der Gemeinde in immer entlegenere Ecken und Enden der Kommune gebaut werden, weil sich ausgerechnet dort ein Grundeigentümer sein Baurecht abgetrotzt hat. Die damit einhergehende Strom-, Wasser- und Kanalinfrastruktur ist schon weniger sichtbar. Und deren Erhaltung geht vollends in den laufenden Aufwendungen der Kommune unter. So werden weit an die Peripherie gestellte Diskontmarktagglomerate von der Allgemeinheit gefördert, gleichsam subventioniert (selbst wenn sie möglicherweise nie einen formalen Antrag stellen), obwohl wir niemals auf die Idee kämen, dass einer dieser multinationalen Eigentümerkonzerne eine öffentliche Unterstützung aus Steuergeld nötig hätte.

Höherrangige, durch die Kommune finanzierte Infrastruktur, Über- und Unterführungen, um auf den neuen Parkplatz zu kommen, geopferte Landschaft, der eine tiefe Wunde zugefügt wird – nur für das Versprechen von zweieinhalb Vollzeitäquivalenten, wie die Arbeitsplätze für sieben oder acht Teilzeitbeschäftigte genannt werden. Wir wissen bereits aus genügend Studien, dass dieses Versprechen nicht hält. Und das Versprechen, damit könnten Shirts, Schuhe oder Schokolade billiger eingekauft werden, hält auch nicht. Denn die Gesellschaft bezahlt sich die Differenz selbst.

Wir akzeptieren in diesem Zusammenhang sogar den Umgang mit unserer Lebensumgebung wie mit den in diesen Märkten verkauften Konsumgüterartikeln. Nicht immer wissen wir, wofür und ob wir sie tatsächlich brauchen, aber wir schaffen sie uns einmal an. So gehen auch viele Einzelhandelsketten vor, die Plätze nur deshalb besetzen, damit es ein anderer nicht tun kann. Wirtschaftlich ist es für den jeweiligen Markt nicht, gleichsam auf Vorrat Verkaufsflächen in die Landschaft zu stellen – aber es ist möglicherweise wirtschaftlich für den Gesamtkonzern. Für die Gesellschaft, die die Ungetüme vor Augen hat, ist es ausschließlich ein Schaden: finanziell und ästhetisch.

Aber wir lassen uns mit quasi-wirtschaftlicher Argumentation in die Irre führen, weil wir längst schon wieder abgelenkt sind, und uns im bunten Gewirr der neuen Angebote verzetteln und für günstig halten, was wir selbst subventioniert haben.

Damit es nicht ausschließlich die Konzerne sind, deren Ausbreitung in den Weiten unserer Landschaft wir finanziell unterstützen, nehmen wir auch eine Umverteilung zugunsten der Eigenheim-Verhüttelung vor. So unsinnig, weil von jeder bestehenden Infrastruktur entfernt, und so sehr den gesamtgesellschaftlichen Kosten abträglich, kann ein Neubau gar nicht sein, dass ohne Rücksicht darauf eine

Wohnbauförderung gewährt wird. Sie stellt in ihren Kriterien bekanntlich nur auf die Einkommenssituation des Antragstellers ab – und natürlich, das gibt der Sache wieder vermeintlich einen ökologischen Anstrich: auf die Heizungsanlage. In diesem Fall wird das Verzetteln in der Landschaft mit Pendlerpauschalen geradezu gezielt gefördert. Sie treiben noch weiter entferntes Siedeln an. Neben den zuvor angeführten mittelbaren Aufschließungskosten sind es in diesem Fall direkte Zuwendungen, die Anreiz sind, noch ein Stück weiter weg zu gehen. Mit der gleichen Logik, Menschen zu unterstützen, die einen langen Weg zur Arbeit haben, ließen sich auch Personen fördern, die sich entschlossen haben, nahe der Zentren zu wohnen, wo sich ihr Leben abspielt; die also kurze Wege in die Arbeit, zur Schule, zum Einkaufen etc. haben. Denn sie leben zumeist zu höheren Kosten, sei es für die Anschaffung oder die Miete, die von der Allgemeinheit gedämpft werden könnten – also gleichsam mit einer Zentrumswohn-Pauschale.

Wir sehen also, dass die Wohnform, die die Siedlungsgrenzen immer weiter in die Landschaft hineinschiebt, nur vordergründig und vor allem nur vorläufige Kostenersparnisse mit sich bringt. Für den Einzelnen kehrt sich das im Laufe der Zeit nachhaltig um. Und auch für die Allgemeinheit ist es nicht nur ein Nullsummenspiel, sondern – wenn wir schon unser Leben ständig unter wirtschaftlichen Gesichtspunkten bewerten wollen – eine teure Angelegenheit, die Ausbreitung so ungezügelt zuzulassen.

III. WIR VERSCHWENDEN

Überfluss lohnt mehr als Geschmack. – Gustave Flaubert

Restflächen und Bodenvorrat

Obwohl ich nicht gerade auf ein Schnäppchen aus war, musste ich mich zuletzt ins Auto setzen und in die wohl am meisten wohlstandsverwahrloste Gegend fahren: in den Süden von Wien. Ich wollte eine Schraube kaufen. Dort weiß man eine Reihe von Bau- und anderen Diskontmärkten – auch wenn es beim Kauf solcher im Haushalt nützlicher Dinge nicht unbedingt darum geht, die billigste unter den Schrauben zu finden. Man *weiß* die entsprechenden Geschäfte dort, man *findet* sie aber nicht unbedingt – selbst, wenn man sie schon aus vielen Kilometern Entfernung durch ihre in den Himmel ragenden Firmenlogos ausmachen kann. Es ist eine Region, die einen an Otto Wagner, den bedeutenden Architekten und Stadtplaner des Fin de Siècle, erinnert. Nicht, weil die Belle Epoque dort auch nur in Spurenelementen zu finden wäre (es ist viel mehr die frühe Kopie der Stadtentwicklung von Los Angeles, also maximale Platzverschwendung durch trashige Kommerzbauten), sondern weil einem eine treffende Unterscheidung in den Sinn kommt, die er in Bezug auf einen anderen Platz in der Stadt getroffen hat. „Der Karlsplatz ist kein Platz, sondern eine Gegend", sagte Otto Wagner. Und auch wenn die *Gegend* um diese Kirche, selbst bei pseudoidyllischer vorweihnachtlicher Verstandelung immer noch weit entfernt ist von einer Verschandelung, die sich Wagner wohl nie hätte träumen lassen; er trifft in diesem Zusammenhang eine wichtige Unterscheidung. Gegend ist das, was uns passiert. Niemand will sie so, wie sie sich dem Passanten bietet. Sie ist das Gegenteil zur gewollten und geplanten Landschaft, oder zu der, die von Achtsamkeit begleitet, auch ungeplant gewachsen ist.

Nicht nur aus Unachtsamkeit im Straßenverkehr, verwirrt durch die überbordende Beschilderung auf Überkopfwegweisern, die sich zu den Firmenlogotürmen gesellen, sondern wahrscheinlich auch angezogen durch die masochistische Lust an der Hässlichkeit, kam ich vom richtigen Weg ab. Eine kleine Unaufmerksamkeit auf den tentakelartigen Auf- und Abfahrtsrampen, und schon zieht die bunte Blechhalle, die man bereits im Visier gehabt hat, an einem vorbei. Weil es wohl Stunden gedauert hätte, bis ich das Einkaufsparadies umrundet und wieder hierher gekommen wäre, um die richtige Abzweigung zu meiner Schraube zu nehmen, habe ich mich in dieses kommerzrauschende Gebäudemeer hineintreiben lassen, und statt des gesuchten Baumarkts einen viel bemerkenswerteren Gewerbebetrieb ausgemacht.

Das Gebäude wurde nicht mehr genutzt, obwohl es noch einigermaßen passabel aussah. Vor allem das Gras, das aus den Ritzen des davor gelegenen riesigen Betonplatzes sprießte, deutete darauf hin, dass hier schon länger keine Lkw mehr zu den Laderampen gefahren sind. Die Fahrer mussten ihre Route deswegen aber nicht großartig ändern. Denn die Firma hat in wenig entfernter Nachbarschaft das gleiche Gebäude noch einmal errichtet. Nur ein kleiner Feldstreifen dazwischen blieb frei, weil ein Landwirt offenbar seinen angrenzenden Grund nicht verkaufen wollte, um weiterhin dort seine Schafe weiden zu lassen. Das neue Gebäude ähnelte dem alten in Größe und Funktion, und trug auch dieselbe Firmenaufschrift. Es war also für das Unternehmen die wirtschaftlich beste Lösung, auf einem anderen Grundstück dasselbe Gebäude noch einmal zu errichten. Anstatt ein paar Bauarbeiter zu schicken und das, was nur in die Jahre gekommen ist, zu sanieren. Vielleicht ist es ja auch nur an einer Schraube gescheitert …

Rund um das nun zur Ruine verkommene Gebäude ist ein rot-weißes Plastik-Absperrband gezogen worden; gleichsam ein Müllsack, in den das Alte eingetütet wird. Aus der wirtschaftlichen Logik des Betriebs heraus ist das natürlich die sparsamste Lösung mit Altlast umzugehen. Für die Gesellschaft ist es die teuerste Lösung, die wir aber kaum bewusst wahrnehmen und uns aufgrund von Wirtschaftlichkeitsargumenten einreden lassen und akzeptieren. Weil vorweg, wie einleitend beschrieben, kein Entsorgungsbeitrag für das Gebäude gezahlt worden ist (wie etwa bei Kühlschränken einst eingeführt, die seither nicht mehr in den Wäldern landen), ist auch die Allgemeinheit nicht bereit, den Gebäudemüll wegzuräumen. Eine biedermeierlich-romantische Ruine, nicht einmal eine retro-schicke Industrieruine, dürfen wir uns vom Fortgang der allermeisten Gebäude erwarten.

Da die Halbwertszeit dieser Gebäude immer kürzer wird, produzieren wir von diesem Müll immer mehr. Betrachten wir das kurz am Beispiel des geplanten alpinen Hochhauses in Vals. Kaum jemand erkennt in diesem Vorhaben eine wirtschaftlich fundierte Überlegung. Nicht, dass das immer so sein müsste. Manchmal ist es schon gut, wenn nicht jede Überlegung einem Wirtschaftlichkeits- und Nützlichkeitsdenken unterworfen wird. Mehr noch: Der Blick auf die Annehmlichkeit der Lebensumgebung ist gerade das, wofür ich hier plädiere. Bei diesem Projekt ist es aber ausschließlich das wirtschaftliche Hochrisikospiel, das sich ein Investor leicht leisten kann. Geht die vage Rechnung doch nicht auf, wird sich für ein so monströses überdimensioniertes Projekt keine Nachnutzung finden, sagen Beobachter übereinstimmend. Obwohl: Der Konkurs ist in einem solchen Fall noch der bessere Ausgang. So ist die Bauruine dem Gescheiterten zumindest aus der Hand zu nehmen. Aber, wer ein solches Projekt gleichsam aus der Portokasse zahlt, wendet sich dann – ganz ohne Konkurs – wohl einfach anderen Dingen zu, und hält uns mit der Erfolgsrhetorik hin, wonach ordentliches Scheitern eben Ausweis engagierten Unternehmertums sei, und man den Macher schon einmal in Ruhe den Misserfolg gönnen soll. Gerne, aber nicht mit solchen Folgeerscheinungen für die Allgemeinheit.

Ein Alpenstädtchen in Österreich hat diese Erfahrung schon gemacht. Es wurde einst das *Monte Carlo der Alpen* genannt. In Bad Gastein argumentiert eine Eigentümerfamilie, die besitzt, was den Ort wesentlich ausmacht, nicht genügend Geld zu haben. Seit Jahren prägen daher Bauzäune um etliche Häuser das Ortsbild. Aber es ist auch eine Art von Ensemble: Denn man ist dort ein weiteres Mal in ein solches Schicksal gestolpert. Bis zum Erscheinen dieses Buches wartet auch ein 628-Betten-Burg-Projekt seit acht Jahren als Bauruine auf seine Fertigstellung. Der Bürgermeister konzediert zwar, dass man sich der finanziellen Potenz eines Investors nie hundertprozentig sicher sein könne. *Das Projekt scheint mir aber in Ordnung,* sagt er[79].

Gebäude und Boden wird von uns behandelt wie Konsumgut, das verbraucht werden kann. Am Ende seiner Lebensdauer werfen wir es weg. Solch ständige Produktion überflüssiger Müllberge ist die Folge der kapitalistischen Erneuerung. *Das Hauptprodukt der modernen und postmodernen kapitalistischen Industrie ist der Müll. Wir sind postmoderne Wesen, weil wir erkennen, dass all unsere ästhetisch ansprechenden Konsumgüter letztlich als Überreste enden werden, bis zu dem Punkt, an dem sie die Erde in eine riesige Wüste verwandeln werden. Man verliert den Sinn für das Tragische, man nimmt den Fortschritt spöttisch wahr.*[80] Wir machen also aus unserer ganzen Welt eine *Gegend* im Otto Wagnerschen Sinne, eine Welten*gegend*. Bei diesem Begriff schwingt das Entlegene und Unwirtliche bereits mit. Nur diese Weltengegend liegt direkt vor unserer Haustür.

Wir nehmen diese Verwandlung spöttisch wahr, etwa als Hintergrund medial vermittelter Katastrophen-Fiktionen. Es sind Landschaften, die uns in den apokalyptischen Phantasien, vermittelt im Mainstreamkino (Roland Emmerich, Lars von Trier) oder in der Literatur (Michel Houellebecq, Kathrin Röggla, Thomas Glavinic) begegnen[81]. Sie erscheinen uns da als Utopie, weil darin eine zukünftige Katastrophe spielt, deren mögliches Eintreten uns aber wenig beschäftigt. Tatsächlich sind die Kulissen dieser Handlungen abgebildete reale Lebensräume, die – aus welchen fiktionalen Gründen auch immer – dann nicht mehr bewohnt werden. Die Konsum- und Wegwerfgesellschaft hat etwa in der Mojave-Wüste in den USA einen Flugzeugfriedhof geschaffen, der als eindrückliches Beispiel für solche Landschaften herhalten kann. Es zeigt auch, wie sehr wir uns ums Detail kümmern, in diesem Fall um das in den Jahren unterschiedliche Design und Innenausstattung dieser Flugzeuge, und nicht beachten, in wie viel größerer Dimension das Hauptprodukt Müll weiterhin die Lebensumgebung prägt.

Der Deutsche Werkbund, eine Anfang des 20. Jahrhunderts gegründete Vereinigung, die sich der Kunst in Handwerk, Industrie, Handel und Architektur, widmet, hat dieses Auseinanderklaffen von Verliebtheit ins Detail und Achtlosigkeit im Großen als erstes erkannt. Obwohl jahrelang mit der Ausgestaltung und Formgebung von Produkten befasst, zeigte sich im Vorfeld der Werkbundtagung von 1959, dass die Problemstellung zunehmend eine andere wird. Noch lange bevor Umweltschutz als Kategorie in der politischen Landschaft Einzug hält, wird die Jahrestagung 1959 unter das Stichwort „Die große Landzerstörung" gestellt. Die Wirtschaftswunderjahre waren dabei, den Zenit zu überschreiten, als erkannt wurde, dass Wohn-, Industrie- und Gewerbebau mehr Flächen denn je in Anspruch nehmen. Es war dies nicht nur die Zeit, als die Natur einzig als Risiko gesehen wurde, das es zu minimieren gilt – und in dessen Folge etwa der Autofahrer-Klub ADAC tausende Alleen hat abholzen lassen, weil er Sorge um das Leben der dazwischen durchbrausenden Lenker hatte. Auch das hat dazu beigetragen. Es war vor allem die Zeit, in der die Zunahme an verbauter Fläche begonnen hat, sprunghaft anzusteigen – und das Denken eine Richtung genommen hat, die sich auch in der Sprache abbildet: Wald oder Grünfläche wurden sowohl planerisch als auch juristisch zur *Restfläche*[82] degradiert.

Was an zusammenhängenden und noch nicht gebrauchten Flächen übrig blieb, hieß von nun an *Bodenvorrat*. Vorräte sind nur zurückgelegt und dienen dem späteren Verbrauch. Gerade weil die menschlichen Unternehmungen nicht mehr unmittelbar mit der Bestellung der Erde zu tun haben, sondern es sich um alle anderen möglichen Arten des Wirtschaftens handelt als um Landwirtschaft, ist der Verbrauch von Boden eine Nebenerscheinung und Nebenentscheidung, wie die, grüne oder blaue Firmenwägen anzuschaffen. Es ist ein Betriebsmittel, dass je nach Bedarf in großen oder kleinen Mengen vorhanden sein muss, um einen von der Bodenfläche unabhängigen Zweck verfolgen zu können.

Das lässt uns zur Frage kommen: Wieviel Erde braucht der Mensch? Lew Tolstoj stellt sie in seiner gleichnamigen Novelle aus dem Jahr 1885. Darin gerät der auf der Suche nach noch mehr Land befindliche Bauer Pachom an die Baschkiren in der östlichen Steppe. Der Älteste mit seiner Fuchsfellmütze sagte im Zuge der Kaufverhandlungen zu dem überraschten Pachom: „Wir verkaufen so: Wie viel Land du an einem Tage umgehen kannst, so viel gehört dir. Ein Tag kostet tausend Rubel. (…) Wir machen aber noch eine Bedingung aus: Wenn du am gleichen Tag nicht an die Stelle zurückkommst, von der du ausgegangen bist, dann ist dein Geld verfallen.“[83] Als Pachom am nächsten Morgen zu seiner Umrundung startet, überschätzt er bei Bemessung des Grundstücks seine Kräfte. Bis Sonnenuntergang schafft er es zwar gerade noch, wieder zum Ausgangspunkt zurückzukommen, bricht dann aber tot zusammen. „Der Knecht nahm die Hacke, grub Pachom ein Grab, genauso lang wie das Stück Erde, das er mit seinem Körper, von den Füßen bis zum Kopf, bedeckte – sechs Ellen –, und scharrte ihn ein.“[84]

Wie viel Erde braucht der Mensch?

Pachom hat heute einen Geländewagen zur Verfügung. Ansonsten haben sich die Kaufbedingungen wenig geändert.

Das heißt, die technologischen Entwicklungen und viel kumuliertes Kapital, das eine Anlage sucht, geben uns leichter denn je die Möglichkeit, so viel zu nehmen wie wir wollen. Das moralische Ende, wie es Tolstoj mit dem Tod Pachoms als Verurteilung der materiellen Gier angelegt hat, können wir mittlerweile weit hinausschieben. So wie die Angst vor der Wildnis, haben wir auch die Angst vor einer moralischen Instanz erfolgreich verdrängt.

Die Urbarmachung haben wir in Europa mittlerweile so gut wie abgeschlossen. Nach der Kultivierung der Erde gehen wir jetzt gleichsam ein zweites Mal drüber und versiegeln sie. Und da sind mittlerweile kaum Hürden zu überwinden. Wir können die anarchische Ausdehnung in die Landschaft hinein daher nur hintanhalten, wenn wir uns Selbstbeschränkungen auferlegen. Beschränkungen rechtlicher Art scheinen bisher kaum wirkungsvoll zu sein. Denn wo ein Wirtschaftlichkeitsargument daherkommt, und sei es nur ein Nützlichkeitsargument ohne große zu berechnende Rendite, werden alle selbstgesteckten und durch Normen geregelten Grenzen wieder aufgehoben. Recht wird in diesem Zusammenhang durch Geld aufgehoben. Da braucht es gar nicht die Korruption, die mancherorts noch dazukommt. Es reichen die ganz normalen Überredungen, indem mit Geldscheinen gewachtelt wird. Investoren, so die Annahme, *bringen* in erster Linie Geld. Weil sie heute – anders als Pachom – das Land aber mit dem Geländewagen umfahren, *kosten* sie. Nicht nur Geld. Die Investoren werden zu Invasoren.

Im steiermärkischen Bad Aussee etwa hat ein Investor ein Bad erreichtet. An einer Stelle, an der man es in einem Ort, der den Begriff „Bad“ im Namen führt, nicht erwarten würde: Weit außerhalb des Siedlungskerns, auf einer Wiese, die aufgrund ihres phänomenalen Blicks bis dahin über Jahrhunderte freigehalten wurde. Die so weiträumige Verschiebung solcher Siedlungsgrenzen geschieht ausschließlich durch vermeintlich ökonomischen Druck – und wird dann verrechtlicht. Wenn etwas vermeintlich nützt, muss es gemacht werden; die Öffentlichkeit meint, es ermöglichen zu müssen. Dazu wird das Regelwerk aus Gesetzen und Verordnungen rasch umbeschlossen. Und auch wenn die Nützlichkeit nur vordergründig und kurzfristig ist, im Hinblick auf den Wahltag mag die Rechnung stimmen. Man kann nur schwer mit dem *Nichts* Wahlwerbung betreiben. Noch leichter als etwa auf die (nicht sichtbare) Erhöhung einer Sozialleistung, sind Verweise auf Gebautes. Auf Nicht-Veränderung ist schwierig hinzuweisen.

Das *Nichts* ist scheinbar unnütz. Und das scheinbar Unnütze macht uns nervös. Ästhetik, die über Produktdesign hinausgeht, beunruhigt uns. Der Nutzen ist zum Sinn geworden. Die technologischen Möglichkeiten, alles in Nützlichkeit zu verwandeln, sind zwar nicht unbegrenzt, sie sind aber in dem Sinne global geworden, dass wir, wie im Kapitel über das Anthropozän beschrieben, die Erde in der Hand haben. Es gibt keinen Platz mehr, der uns aus technologischen Gründen seiner Nützlichmachung entzogen wäre. Wir kommen also nicht darum herum, das *Nichts* als einen Teil unserer erlebten Welt in unserer gebauten Lebensumgebung anzuerkennen. Dazu braucht es die radikale Selbstbeschränkung, die – erstmals in der Menschheitsgeschichte – nur mit dem Ziehen künstlicher Grenzen einhergehen kann.

Konfrontiert mit den Zahlen zum Verbrauch des Bodens, macht sich beim interessierten Publikum zumeist weniger Staunen als viel mehr Zweifel breit. Tatsächlich sind die Zahlen selbst für jene, die mit offenen Augen durch unsere Landschaften fahren, nicht leicht zu glauben. In der eigenen und engeren Lebensumgebung nimmt man den Flächenverbrauch am allerwenigsten wahr. Hier wird ein kleiner Zubau errichtet, dort ein Parkplatz, ein neues Einkaufscenter eröffnet nach längerer Bauzeit.

Europaweit verändert sich die landschaftliche Anmutung in ihrer Gesamtheit in Österreich am deutlichsten. Hier ist der Flächenverbrauch am größten. Mehr als 20 Hektar Land sind es täglich, die – der weitaus größere Teil – aus der Natur oder landwirtschaftlich genutzter Fläche verschwindet. Das entspricht der durchschnittlichen Größe eines Bauernhofes samt zu bestellendem Land – oder: es entspricht der Fläche von etwa 30 Fußballfeldern. Die Hälfte dieser Flächen, die aus Natur- und Kulturlandschaft kommen, wird in der Form zugebaut, dass auch Wasser nicht mehr abrinnen kann. Sie wird also versiegelt. Der Rest ist dann wohl – wie wir das zuerst kennengelernt haben – *Restfläche*. Die Folge dieser wasserdichten Versiegelung (sie entsteht nicht nur durch Parkplatz-, sondern auch durch Schwimmbadbau) ist, dass Millionen Liter Regenwasser nicht im Boden zurückgehalten werden können, sondern ein Stück weiterfließen müssen, ehe sie versickern oder sich den Weg in einen Fluss bahnen können. Unser Eindruck, es alle paar Jahre mit einem Jahrhunderthochwasser zu tun zu haben, stimmt tatsächlich, es ist also nicht nur eine Folge alarmistischer Medienberichte. Denn während im nichtverbauten Bereich nur etwa 10 Prozent des Niederschlags an der Oberfläche abrinnen, weil der Rest zu etwa gleichen Teilen versickert oder verdunstet, sind es im vollversiegelten Bereich

55 Prozent der Wassermenge, die sich den Weg über die Oberfläche suchen.

Wir treten diesem Problem ganz technikorientiert entgegen, wie es für unsere Gesellschaft typisch ist. Und zwar mit dem Plan, weitere Infrastruktur zu errichten, die wiederum den Flächenverbrauch vorantreibt – diesmal mit dem Ziel des Hochwasserschutzes. Überlaufbecken, Schleusen, Nebenarme und Schutzmauern werden errichtet, und tatsächlich schützen sie natürlich die unmittelbare Umgebung vor den Symptomen dieser Entwicklung.

Eine Entwicklung, für die man vergeblich jene Korrelate sucht, die sie zumindest plausibel erscheinen lässt. Denn obwohl in Europa die Bevölkerung in den letzten Jahrzehnten um 30 Prozent zugenommen hat, sind die Stadtflächen um unglaubliche 80 Prozent gestiegen. Wir haben hier aber nicht, wie etwa auf der arabischen Halbinsel oder in Fernost tatsächlich neue Städte auf der grünen Wiese oder eben im Wüstensand aus dem Boden gestampft, um einem entsprechenden Bevölkerungswachstum Rechnung zu tragen. Wir haben unsere Städte einfach nur achtlos ausufern lassen; so, wie wir es nicht bräuchten, und wie es uns auch in der ästhetischen Erscheinung nicht zusagt. Würden wir in dichten Ringen an den Städten weiterbauen, könnte der Flächenverbrauch nicht fast dreimal so rasch ansteigen wie die Bevölkerung.

Noch verschwenderischer als es der europäische Durchschnitt nahelegt, ist man in Österreich mit dem Verbrauch von Boden umgegangen. Da hat die Bevölkerung in den Jahren 2006 bis 2012 um zwei Prozent zugenommen. Fünfmal so schnell ist aber die Inanspruchnahme von Fläche vorangeschritten. Allein in diesen sechs Jahren hat die verbrauchte Fläche um zehn Prozent zugenommen. Wollen wir uns den Flächenverbrauch noch mit einer absoluten Zahl vergegenwärtigen, um zu erkennen, dass keine Debatte darüber geführt werden muss, *ob* eine Änderung dieser Lebensweise unserer Gesellschaft notwendig ist, und auch nicht darüber, *wie rasch* sie zu erfolgen hat – sondern nur, *wie* das gehen könnte. In der langen Siedlungsgeschichte des Landes sind allein in den letzten 60 Jahren, beginnend mit dem Ende der unmittelbaren Nachkriegszeit, 300 Tausend Hektar Boden verbaut worden. Das ist deutlich mehr als die Fläche des gesamten Bundeslandes Vorarlberg (260 Tausend Hektar). Statt in den nächsten 60 Jahren ein weiteres Bundesland gänzlich zuzubauen, sollten wir doch eine andere Richtung einschlagen. Von der Ein-Hektar-Politik, wie im Buch *Mut zur Schönheit* ausgeführt[85], sind wir nach wie vor weit entfernt. Aber immerhin: Das Jahr 2015 ist zur Sensibilisierung der Menschen zum Internationalen Jahr des Bodens ausgerufen worden. Zur Unterzeichnung einer in diesem Zusammenhang erstellten *Bodencharta* ist bezeichnenderweise die Generalsekretärin der UN-Konvention zur Bekämpfung der Wüstenbildung angereist[86].

Das trifft sich mit der Verwüstung der Landschaft, die wir durch den Bodenverbrauch anrichten. Und er ist ein über die Grenzen unserer Gesellschaft hinauswirkendes Problem. Nicht nur, weil auch andere sorglos mit der Ressource Boden umgingen, sondern weil wir den Umgang damit von Europa aus exportieren.

Der Land-Fußabdruck der Europäischen Union beträgt geschätzt 640 Millionen Hektar. Das ist etwa eineinhalb Mal so viel wie die Fläche aller 28 EU-Staaten zusammen[87]. Dieser halbe Kontinent, den wir noch zusätzlich brauchen, um unsere Ansprüche in gewohnter Form befriedigen zu können, liegt in Ländern, die gegenwärtig nicht einmal ihre eigene Bevölkerung mit den Erträgen des Bodens ernähren können, wie die Mongolei, China oder Brasilien. Wir verbrauchen also auch dort, für uns kaum bemerkbar, große Ressourcen Boden und zerstören dabei Ökosysteme. Weltweit geht nicht zuletzt dadurch jährlich ein Prozent des Bodens nahezu unwiderruflich verloren[88].

Diese Kolonisierung ist eine Folge des Rückgangs landwirtschaftlicher Flächen in unseren Breiten. In Österreich etwa kamen im Jahr 1961 noch auf jeden Einwohner 2400 Quadratmeter Ackerfläche. Sie ist bis heute um ein Drittel gesunken, und zwar auf 1600 Quadratmeter[89]. Insgesamt sind das 2,7 Millionen Hektar landwirtschaftlich genutzte Flächen, im Vergleich zu immerhin noch 3,4 Millionen zur Jahrtausendwende[90]. Kein anderer Kontinent ist daher so sehr auf Nahrungsmittelimporte angewiesen wie Europa, was so ganz unserer Illusion widerspricht, in der wir gerne leben: vermeintlich in einem Feinkostladen, dessen Produkte unmittelbar vor der Haustür wachsen und gedeihen. Vor unserer Haustür ist aber immer weniger, vor allem zusammenhängender Platz, der das ermöglichen würde. Und wir kümmern uns auch wenig darum, dass zwischen den zersiedelten Gebäuden, und den von Verkehrsflächen zerschnittenen Regionen eine sinnvolle Landwirtschaft möglich ist. Dafür sorgen übervolle Regale mit Lebensmitteln, die trotz langer Transportwege (auch absolut) billiger sind als in den 70er Jahren – man denke an die Kiwi, und den äußerst geringen Anteil am Haushaltsbudget, der für sie aufgewendet werden muss.

Bekannt ist, dass solche Berechnungen und Kalkulationen nur möglich sind, solange die Kosten der Allgemeinheit, also die Umweltkosten, nicht miteinbezogen werden. Und die Berechnungen sind nur möglich, wenn der Verbrauch der für Anbau und Transport benötigten Fläche keine Rolle spielt. Beides fällt nicht ins Gewicht: Die Böden werden mit zunehmender Entfernung immer billiger. Das zeigt sich auch innerhalb Europas deutlich. Vom Zentrum des Kontinents breitet sich auch der Bodenverbrauch aus. Vor allem nach Osteuropa, das aufgrund der langsameren Entwicklung in der Zeit des Kommunismus, attraktive, große, zusammenhängende (und nicht zuletzt mangels unkontrollierter Ausbreitung von Wohn- und Gewerbegebäuden ästhetisch anmutigere) Landschaften bereithält. Als wir etwa 1959 *Die große Landzerstörung* ausgemacht haben, sind die Nächte in den ländlichen Regionen dieser Länder weitgehend dunkel geblieben. Ungarn war ein solcher Staat, der Landsuchende angezogen hat, wegen der mangelnden Rechtssicherheit momentan aber wieder zurückschrecken lässt.

Besonders aufschlussreich ist ein Vergleich der Preise für landwirtschaftliche Gründe. Im dichtest besiedelten Nordwesten des Kontinents, in den Niederlanden etwa, kostet ein Hektar Ackerland knapp 50 Tausend Euro, in West-Deutschland und Österreich liegen die Preise etwa bei der Hälfte. In Bulgarien lässt sich eine solche Fläche schon um etwa 2000 Euro erwerben.

Solche Preise in den zentraleuropäischen Lagen führen dazu, dass diese Kulturlandschaften andere Zwecke erfüllen müssen, damit sie in irgendeiner Form für den Käufer rentabel sind. Wer auf einem Hektar, der 50 Tausend Euro gekostet hat, tatsächlich nur Rüben oder Kartoffel ernten will, kann diese Arbeit nur als Liebhaberei anlegen, nicht betriebswirtschaftlich. Und das heißt, dass in dieser Spirale von Kauf und

Weiterverkauf nicht nur die Preise steigen, sondern auch der Druck auf die Behörden, doch bitte so mit der Immobilie verfahren zu können, dass sich das auch rechnet – und nicht so wie das etwa gewidmet sein mag. Die Landwirte spielen auf einem solchen Markt daher keine große Rolle mehr. Auch wenn die rechtlichen Rahmenbedingungen vorsehen, dass *Bauernland in Bauernhand* bleiben sollte. Es ist daher möglich, dass ein Landwirt gegen jemanden einschreitet, der ihm vor der Nase einen guten Grund durch Zahlung eines außergewöhnlich hohen Preises wegschnappt. Untersagung des Kaufs wegen erheblicher Überzahlung nennt man das. Der österreichische Verfassungsgerichtshof hatte zuletzt in einer solchen Causa zu entscheiden. Ein Marchfelder Landwirt wollte den Kauf einer Liegenschaft durch die erfolgreichere Erzdiözese Wien untersagen lassen. Er behauptete richtigerweise, dass der Preis zwei Drittel über dem (unter Bauern) ortsüblichen Preis, und zwar bei mehr als einer halben Million Euro gelegen ist[91]. Das Höchstgericht wies die Beschwerde des Landwirtes ab, weil es zur Ansicht gelangte, dass der Bodenmarkt bereits derartig umkämpft ist, dass sich solche Preise realistischerweise herausbilden.

Im städtischen Bereich gibt es ähnliche Entwicklungen. Immobilien wechseln mehrmals den Eigentümer, ehe tatsächlich zu Sanierung oder Neubau geschritten wird. Dazwischen wird bei jedem Eigentümerwechsel damit verdient, dass die Versprechen, was mit der Immobilie gemacht werden *könnte*, größer werden – wenn das auch nicht mehr unbedingt mit den tatsächlichen rechtlichen Möglichkeiten übereinstimmt. Auch in diesem Fall steigt dann der Druck auf die Politik, diese – zuerst aus gutem Grund anders festgelegten Beschränkungen, wie auf dieser Liegenschaft baulich zu verfahren ist – zu lockern. Der Handel mit dem *Gut* Boden, das in diesem Zusammenhang zur *Ware* wird, setzt eine Spirale in Gang, an deren Ende immer ein Mehr an Fläche oder ein Mehr an Volumen steht.

Gegenwärtig gehen wir davon aus, dass der zur Besiedelung zur Verfügung stehende Boden in Österreich 37 Prozent der Landesfläche ausmacht. Der Rest sind zu einem großen Teil Wald, alpine Regionen sowie Gewässer. Eine solche Eingrenzung ist aber nur vermeintlich eine topographische. Sie argumentiert vordergründig mit der technischen Unmöglichkeit, als Gesellschaft mit all ihren Bauten in diese Gegenden weiter vorzudringen. Es sind demzufolge vermeintlich faktische Umstände, die uns daran hindern, uns auch auf die restliche Landesfläche auszudehnen. Es ist gerade nicht ein inneres Wollen. Wir können diese gedachte Grenze also leicht aufheben. Aus der zuvor beschriebenen ökonomischen Argumentation heraus erschließen wir uns in der Folge auch diese Regionen. Sümpfe, Gebirge und Wälder sind längst keine Grenze mehr, hinter der die Unzugänglichkeit liegt, wo die Nutzung daher ein natürliches Ende hat. Wir sind dabei, diese Grenzen vollständig aufzuheben.

Ein Schritt dahin ist etwa, dass wir durch den Wald geschlagene Forststraßen, die vielfach keine kleinen Wege sind, sondern einer hohen Frequenz an Lkw-Verkehr standhalten müssen, nicht mehr als Verkehrs-, sondern als Waldflächen ausweisen. Damit sind statistisch die Verkehrsflächen in den betreffenden Gebieten zurückgegangen[92]. Da ist es dann nur ein kleiner Schritt, auch touristische Erschließungen, etwa zuerst solche, die Walderfahrungen vermitteln – wir wollen ja nicht einfach unbespaßt durch den Wald gehen –, als reinen Wald durchgehen zu lassen. Wenn die geistige Schranke überwunden ist, die gesamte Landesfläche als eine einzige zusammenhängende hybride Stadt-Dorf-Fläche zu behandeln, stehen technische Probleme längst nicht mehr im Weg. Über die Ingenieursleistung einer Passstraße staunen wir nicht mehr. Es scheint uns, im Gegenteil, geradezu selbstverständlich, dass es in Europa keine Gegend mehr geben kann, die sich nicht im allergrößten Umfang und in jedem Sinne, von verkehrstechnisch bis touristisch, von Wohnbau bis Industrie, erschließen lassen kann. Nicht zuletzt der Klimawandel trägt dazu bei, dass auch hierzulande bisher als unwirtlich geltende Regionen ihre Unbotmäßigkeiten verloren haben.

Für die Arktis kommen uns zu Recht Zweifel, ob es eine adäquate Reaktion auf den Klimawandel ist, dorthin zu gehen, wo er schmerzlich seine Auswirkungen zeigt, um noch mehr dazu beizutragen, indem wir auch dort die Rohstoffvorkommen ausbeuten. In Europa zweifeln viele daran, dass Russland mit solcher Rohstoffgewinnung dort das Richtige tut – und zwar nicht nur aus gängigen außenpolitischen Überlegungen. In unserer engeren Lebensumgebung hingegen betrachten wir es als selbstverständlich, und sehen es sogar als notwendige Wirtschaftskrisenbewältigung, uns immer mehr Raum zu nehmen. In Krisen (wann haben wir keine?) kommen Staaten schnell auf die Idee, Geld in Bauprojekte zu pumpen, die unter anderen Umständen entweder nicht oder jedenfalls nicht so dringlich realisiert werden müssten. Solche Initiativen sind immer mit plausiblen Berechnungen begleitet, welche Hebelwirkung sie für die Gesamtwirtschaft mit sich bringen. Und doch sind sie zumeist nie über das Ende der Baustelle hinaus gedacht. Sie erinnern an die Argumentationen der 1980er Jahre, wo selbst mancher Kraftwerksbau nicht energiepolitisch argumentiert wurde, sondern im Hinblick auf die kurzfristig geschaffenen Arbeitsplätze, manchmal nur ein paar Dutzend. Ein Kämpfer gegen diese Art der Wirtschaftsankurbelung, der 2006 verstorbene österreichische Publizist Günther Nenning, rief in den Verhandlungen um einen Baustopp für das Wasserkraftwerk Hainburg dem damaligen Bundeskanzler zu, der Staat sei doch kein Bauunternehmen[93]. Womit er natürlich recht hatte – und sich doch irrte. Denn noch heute wird Bauen als Treibstoff einer funktionierenden Volkswirtschaft begriffen. Es ist weniger Mittel zum Zwecke als vielmehr Beschäftigungsmotor. Hier wäre es arbeitsmarktpolitisch kreativ, einmal eine andere Vision als Lösung ins Treffen zu führen, als das *Vorziehen*, wie es immer genannt wird, von Bauprojekten. Irgendwann wird kein Platz mehr da sein, irgendetwas irgendwohin vorzuziehen.

So wie die Gesellschaft den Verbrauch von Fläche und Raum als notwendige Begleiterscheinung für viele ihrer Handlungen sieht, ist es auch der Einzelne, der vermeintlich immer mehr Platz für seine persönliche Infrastruktur braucht. Es ist eine bemerkenswerte und kaum zu glaubende hohe Zahl, wie die des gesamtgesellschaftlichen Flächenverbrauchs: Wer im Jahr 2012 den Neubau eines Einfamilienhaus-Neubaus bei der Behörde eingereicht hat, hat im Durchschnitt knapp 300 Quadratmeter Fläche geschaffen. Genau 294 Quadratmeter beträgt die Bruttogeschoßfläche von neuen Einfamilienhäusern durchschnittlich. „Brutto" heißt hier, dass es sich natürlich nicht nur um den Wohnraum im engsten Sinn handelt, sondern Hobbykeller und Doppelgarage dazu zählen. Erstaunlich ist aber nicht nur die hohe Zahl der Quadratmeter, sondern vor allem die Steigerung des Bedarfs. Nur vier Jahre zuvor, im Jahr 2008, hat der Durchschnitt dieser Bruttogeschoßfläche bei neueingereichten Einfamilienhäusern um 41 Quadratmeter weniger betragen[94].

Da überrascht es nicht, dass zehn solcher Häuser gleich einen Hektar Land verbrauchen. Im Geschoßbau lassen sich auf der gleichen Fläche 60 Wohneinheiten unterbringen. Aber auch bei einer solchen Dichte der Verbauung entstehen noch lange keine Wohnsilos. Obwohl das Einfamilienhaus in der uns heute bekannten Form in der Siedlungsgeschichte relativ jung ist, macht es in Österreich knapp 90 Prozent des Gebäudetyps aus. In einigen Regionen ist fast keine andere Wohnform bekannt, wie etwa im östlichsten Bundesland, dem Burgenland, wo es 97 Prozent sind. Erwartbar ist das auch für alle Stadtumland-Bezirke, die von einer ähnlichen Höhe dieses Gebäudetyps geprägt sind. Die Folge: Der Anstieg der Bevölkerung um ein Prozent (das war in Österreich beispielsweise in der Zeit von 2009 bis 2012 der Fall) bewirkt im gleichen Zeitraum den Anstieg der Verkehrs- und Wohnfläche um 10 Prozent.

Wir wollen aber nicht nur auf immer größeren Flächen wohnen – und schauen uns gleichsam als moralische Absicherung dafür mit angenehmen Schaudern die Bilder von Hongkongs Miniwohnungen an, wo auf wenigen Quadratmetern mehrere Menschen leben und alle Tätigkeiten vornehmen müssen, für die man hierzulande mehrere Zimmer benötigt[95]. Wir wollen auch auf immer größer werdenden Verkaufsflächen einkaufen. Inwiefern es uns tatsächlich ein Bedürfnis ist, dass die Fläche so groß ist, wie sie mittlerweile angewachsen ist, bleibt höchst fraglich. Aber wir lassen es mit uns und unserer Lebensumgebung geschehen. In den letzten

20 Jahren hat sich die Fläche, die in Europa von Shopping-Center bedeckt wird, verdreifacht. Wir stehen mittlerweile bei 160 Millionen Quadratmetern. Das entspricht einem Einkaufszentrum so groß wie Liechtenstein. Eine Entwicklung, die im besten Fall nur ihren Höhepunkt überschritten hat, was die Geschwindigkeit des Anwachsens betrifft, aber lange noch nicht ihr Ende gefunden hat.

Jeder Einzelne habe es doch in der Hand, darüber zu entscheiden, wo er einkauft, wie er dorthin kommt, etc. Das ist schon der nächste gelungene Coup der Kommerzmaschinerie, deren Verblödungsstrategien wir uns später widmen werden. Es stimmt natürlich nicht – oder nur insofern, als wir uns das Leben deutlich schwerer machen wollen als unsere Mitmenschen, mit denen wir in beruflichem oder sozialem Wettbewerb stehen; und das auch noch ohne die Aussicht, tatsächlich etwas verändern zu können. Unter normalen Bedingungen lässt sich also ein Boykott solcher Orte nicht ernsthaft durchhalten. Denn es ist nicht nur die Verblödungsmaschinerie, in die man als denkender und reflektierender Mensch sehenden Auges hinein muss, sondern die Stärke des Kapitals, das wie ein Magnet anzieht. Nicht weil man davon etwas abbekommen würde, sondern weil es die Wege dorthin gleichsam wie einen Trichter darauf gerichtet hat. Wir wissen mittlerweile, dass es nicht ein Nullsummenspiel ist, was schon reichen würde, die Sache aus ästhetischen Gründen abzulehnen, sondern ein Verlust an anderen Stellen bedeutet: ein Verlust an Wertschöpfung, ein Verlust an Arbeitsplätzen. Und für die Errichter und Betreiber stellt sich Erfolg nur deshalb ein, weil Raum und Boden nicht in Rechnung gestellt werden. Es ist alles zu groß für die unmittelbare Umgebung und ihr Einzugsgebiet ausgelegt. Aber das Geschäftsmodell funktioniert einzig und allein durch die großflächige Zerstörung und Inanspruchnahme von Platz. Solange es etwa möglich ist, zu den zuvor beschriebenen zwar „erhöhten" landwirtschaftlichen Preisen vergleichsweise günstig Grund für Parkplätze zu kaufen, geht es sich aus.

EU-weit nimmt Österreich, was die Größe der Verkaufsflächen betrifft, den Spitzenplatz ein. Pro Einwohner stehen knapp zwei Quadratmeter Einkaufsfläche zur Verfügung. Etwa ein Viertel weniger ist es in Deutschland. Die Polen müssen mit einem Quadratmeter das Auslangen finden, sind aber gerade kräftig am Aufholen. Wie überhaupt die Errichtung von Verkaufsfläche kein Ende nimmt, obwohl die Medien doch voll von großen Pleiten waren, die Bau- oder Elektromärkte betrafen. Solche Pleiten haben ganz augenscheinlich keine Auswirkungen auf die Zahl der grellbunten Wellblechschachteln in der Landschaft. Umnutzung ist undenkbar, obwohl etwa in Österreich 130 Millionen Quadratmeter Industriebauten leer stehen[96]. Übrig gebliebene Baumärkte errichten neue Verkaufsflächen. In Oberösterreich stehen beispielsweise mit einer einzigen Einkaufscenterruine 45 Tausend Quadratmeter leer. Und trotzdem wird in unmittelbarer Umgebung, jedenfalls was die Erreichbarkeit mit dem Auto betrifft, und darauf ist alles ausgerichtet, weitere Verkaufsfläche errichtet. Der Grund für den weiteren Wuchs liegt auch in keiner Weise im Bedarf nach dem, was errichtet wird: nämlich Verkaufsfläche. Der Bedarf liegt einzig darin, die großen Mengen Geld, die durch das Ausbreiten auf der grünen Wiese und die indirekte Subvention durch die Allgemeinheit bereits erwirtschaftet wurden, wieder an einem Ort in ein Gebäude zu stecken. Gebaut wird also vielfach nur deshalb, weil Geld da ist.

Wenn wirtschaftliches Handeln aber zur Folge hat, dass solche nachhaltigen Narben in unserer Lebensumgebung übrig bleiben, und nicht nur Abschreibungen in den Büchern der Gläubiger, dann können wir nicht postulieren, jeder solle sein Glück versuchen dürfen. In manchem Bundesland gibt es daher erste vorsichtige Versuche, die Notbremse zu ziehen, und weitere Errichtungen nicht mehr zuzulassen. In Salzburg hat es in den letzten 10 Jahren einen Zuwachs der Handelsfläche um mehr als 10 Prozent gegeben, womit mehr als eine Million Quadratmeter für eine halbe Million Menschen zur Verfügung steht [97]. Der gesamte Zuwachs hat seit der Jahrtausendwende so gut wie ausschließlich außerhalb der bestehenden Ortszentren stattgefunden. Die Stadt Salzburg wird zusammen mit dem Umland damit zwar noch lange keine Megacity, aber der Raum, der kein *Dazwischen* mehr hat, mutet so an.

In Salzburg hat die Politik dem Wachstum erstmals künstliche Grenzen gesetzt. Ein halbes Dutzend von Neu- und Ausbauprojekten ist nicht bewilligt worden. Ein Einkaufszentrum, das seine Erweiterung bereits beworben hat, konnte nicht einfach weitere 11.000 Quadratmeter in die Wiese stellen, ein Outlet-Center ist um 14.000 Quadratmeter gekommen, und eine Möbelkette um 13.000 Quadratmeter. Reflexartig orten die Antragsteller Stillstand und das Opfern der Weiterentwicklung des gesamten Landes. Ein solcher Schritt ist vor allem immer dann kein leichtes Unterfangen, wenn in Zeiten hoher Arbeitslosigkeit die Verführung auch noch mit dem Heilsversprechen tausender neuer Arbeitsplätze einhergeht. Trotz vielfacher Beispiele gegenteiliger Entwicklungen geht von solchen Versprechen noch immer Ansteckungsgefahr aus. Auch für Boulevardmedien. Ein nicht unbedeutendes lokales Blatt machte daraufhin gleich Tendenzen zum Neo-Kommunismus aus und schreibt: „Einkaufen kann durch kein Gesetz der Welt verboten werden, es sei denn, man würde wie in elenden Diktaturen eine totale Ausgangssperre verfügen."[98]

Aber auch die selbst verordnete Ausgangssperre mittels Internet-Shopping würde nichts helfen. Denn, dass der Onlinehandel bei gleichzeitigem Rückgang des stationären Handels ansteigt, vermindert nicht den Hunger nach Fläche. 2013 hat der stationäre Einzelhandel in Österreich das dritte Jahr in Folge Umsatzeinbußen hinzunehmen[99]. Im Elektro-Bereich liegt der Onlinehandel bereits bei etwa 30 Prozent, und tatsächlich hat man schon so manche Kette gehört, die leise über die eigenen etwas überdimensionierten Flächen geklagt hat, auf denen man mehr ausstellt als verkaufen kann. Bis zu 20 Prozent der Flächen, so rechnen Experten, werden in naher Zukunft obsolet. Aber das führt nicht zur Umkehr. Denn die rein auf den Onlinehandel beschränkten Unternehmen entdecken die Realität des Verkaufsgesprächs und damit die Realitäten. Jetzt brauchen also auch die Internet-Shops echte Läden.

All das sind nur leider keine Entwicklungen, die sich ausschließlich in den Branchenblättern der Standortberater niederschlagen, oder Marktbeobachter und Statistiker in Tabellen eintragen. Das auch, und jede Veränderung im Zehntelbereich wirkt sich sicherlich auf den Aktienkurs oder die Bonität des einen oder anderen in dieser Branche tätigen Unternehmens aus. Das alles sieht man allerdings nicht und bräuchte uns als Betrachter dieser Landschaften nicht weiter zu stören. Es ist nur so, dass sich diese Veränderungen in der Struktur dieser Gebäude abbilden. Es ist das unternehmerische Glück und Gedeihen, die schmalen und üppigen Jahre, überstandene Angriffe und überdauerte Stürme – wie in den Jahresringen der Bäume –, das sich in der gebauten Umgebung abbildet. Dort sieht man nicht nur die aktuelle Marktsituation, dort sehen wir die Resultate unseres Kaufverhaltens der letzten Jahr abgebildet. Denn das meiste dessen, was sich in diesen Kommerzkonglomeraten entwickelt hat, ist – trotz aller Kurzfristigkeit – für die Ewigkeit gebaut. Etwa die zuvor beschriebene Halle. Auch wenn sie – im doppelten Sinne – längst abgeschrieben ist, für unsere Ewigkeit wird sie stehen. Sprengung, Abtragung, Sanierung: Alles weniger wirtschaftlich, als stehen lassen.

Boden wird dadurch tatsächlich *ver-braucht*. Er ist nach seinem Gebrauch nicht mehr da. Es ist eine aufzehrende Verwendung, die uns aber kaum bewusst ist, weil der Boden natürlich nicht vom Erdboden verschluckt worden ist. So endgültig, und nicht mehr nur *in Anspruch nehmend*, gehen wir mit dieser Ressource erst seit Mitte des 20. Jahrhunderts um. Das Konsumzeitalter erstreckt sich also im direkten Wortsinn auf unsere Lebens-Grund-Lage.

Ein Feld zurück

Diese Entwicklungen lassen sich schon deshalb nicht linear fortschreiben, weil wir für den Fall, dass es zu eng wird, zum Glück nicht mehr planen, eine Halbinsel im Schwarzen Meer oder sonstigen Lebensraum zu erobern, und weil Landfraß – wie dargestellt – nicht ein rein europäisches Problem ist. Hier wird es nur ein immer brennenderes, weil die Entwicklung so früh wie kaum sonst wo eingesetzt hat. Sie hat um

1960 mit dem Wohlstandswachstum begonnen, das uns auch in anderen Bereichen mit Naturverbrauch konfrontiert, etwa bei fossilen Brennstoffen, guter Luft, klarem Wasser oder CO_2-Ausstoß. In einigen der aufgezählten Bereiche haben wir es geschafft, das Wohlstandswachstum in Form des Anstiegs des Pro-Kopf-Einkommens und die damit einhergehende Verschmutzung der Umwelt voneinander zu entkoppeln. Schaumkronen auf den Flüssen, die durch die Zentren europäischer Industriegebiete fließen, oder ein durch Schadstoffe schwarzer Himmel darüber sind in den entwickelten Gesellschaften nicht mehr zu finden. Im Gegenteil: Diese Regionen sind meist noch sauberer als sie es in den letzten hundert Jahren jemals waren. Und gleichzeitig ist die Wirtschaft jener Länder, die sich diesen vor der Haustür sichtbaren Umweltauswirkungen angenommen haben, Verbote für Substanzen, Verpflichtungen für Filter etc. eingeführt haben, weiter gewachsen. Andere Länder, ohne diese vermeintlich wachstumshemmenden Vorschriften, sind in Schmutz und Armut zurückgeblieben[100]. Wie Ernst Ulrich von Weizsäcker nicht müde wird zu zeigen, ist uns diese Entkoppelung beim Thema Energie, und in der Folge beim CO_2-Ausstoß noch nicht gelungen. Und wie hier zu zeigen ist, müssen wir das Wohlstandswachstum auch von dem damit einhergehenden und noch schneller ansteigenden Bodenverbrauch abkoppeln. Die Frage ist also, ob es im wirtschaftlichen Spiel möglich ist, ein Feld zurückzurücken. Und wie es möglich ist, dort künstliche Grenzen einzuziehen, wo es früher Wälder, Berge und Sümpfe waren, die unsere Ausbreitung begrenzt haben.

Raumplanung muss als politisches Instrument einen Stellenwert bekommen, der ihren wirtschaftlichen

Auswirkungen gerecht wird. Wo mit Umwidmungsgewinnen Wählerinnen und Wähler bei Laune gehalten werden, werden Einzelinteressen von der Allgemeinheit finanziert. Sobald wir Erschließungskosten nicht mehr dem Steuerzahler aufbürden, sondern von den Bauwerbern in ihre Projektkosten einkalkulieren lassen, wird Zersiedelung zunehmend unattraktiv. Auch eine damit einhergehende bodenschonende Verkehrsplanung – was den öffentlichen wie auch den individuellen Verkehr betrifft – findet sich in fast jedem Parteiprogramm. Bei der Kompetenzverteilung wird es schon schwieriger. Um das Vorrecht des Finanzkräftigeren zu brechen, braucht es tendenziell überregionale Entscheidungsträger. Denn auf kommunaler Ebene entsteht ein Wettlauf so mancher Bürgermeister um Hässlichkeit. Einer hat mir im Zuge einer Veranstaltung zum Thema erzählt, wie sich ein (üblicher verdächtiger) Diskontmarkt in seiner Region anzusiedeln geplant hat. Der Bürgermeister wollte diesen Markt aus mehreren Gründe nicht in seine Gemeinde bringen: aus ästhetischen und wirtschaftlichen. Als aber klar wurde, dass die Alternative zur Ansiedlung auf seinem Gemeindegebiet nur die ist, dass das Unternehmen in die Nachbargemeinde geht, und sich damit nur um wenige hundert Meter weiter niederlässt, wurde er aktiv. Und zwar gegenteilig als ursprünglich intendiert. Weil die Folgen für seine Gemeinde und deren Bewohner die gleichen, oder sogar nachteiligere wären, bemühte er sich plötzlich, diesen Markt zu sich zu bekommen – um Kommunalsteuer einzunehmen. Was als Regelwerk gerechter Geldmittelverteilung konzipiert war, ist mittlerweile auf Umwegen zu einem ungeeigneten Raumordnungsinstrument geworden.

Wie unterschiedlich Landschaften aussehen können, je nachdem auf welcher Ebene die Kompetenzen zu Entscheidungen in Zusammenhang mit Raumplanung und Bauen angesiedelt sind, zeigt etwa ein virtueller Flug via Google-Earth über die deutsch-österreichische Grenze, beispielsweise jener zwischen Bayern und Oberösterreich. Auch ohne Kenntnis der politischen Grenzen erschließt sich sofort, wo man sich befindet. Noch weitgehend kompakte Siedlungsstrukturen in Bayern, hingegen zersiedelte Landschaften in Oberösterreich. Da es sich hier um Bevölkerungen handelt, die wenig Unterschiedlichkeiten in kultureller oder ökonomischer Sicht aufweisen, lässt sich diese unterschiedliche Entwicklung nur darauf zurückführen, dass auf der einen Seite der in politische und persönliche Zwänge verstrickte Bürgermeister entscheidet, auf der anderen eine Behörde auf Kreisebene.

Eine Bedingung, die wir uns bei all diesen ohnehin schon als notwendig erkannten Zielen stellen, ist, die Umkehr ohne Verminderung von Wohlstand erreichen zu können. Wer diese Garantie mit der einen oder anderen Zielformulierung nicht mitliefern kann, braucht erst gar nicht mehr weiter zu argumentieren.

Dieses Versprechen dürfte in unserem Fall nicht so schwer sein. Wir müssen uns nur ansehen, was wir gegenwärtig unter Wohlstand verstehen, welche Facetten dieser Wohlstand in unserer westlichen Welt hat. Er bildet sich auch darin ab, wo man wohnt. Abstrakt zielt das auf den Staat ab, mit seinen in Zahlen ausgedrückten Wohlstandsparametern, wie etwa das BIP-pro-Kopf. Individuell zielt das etwa auf das Haus ab (ist es ein Eigenheim im Speckgürtel oder ein Sozialwohnbau), und auf die Adresse, die über die Grundstücks- oder Mietpreislage Auskunft gibt.

Hier geht es um das Dazwischen von *abstraktem Staat* und *individueller Wohnung*, um das *Mittlere*, und wie wir uns diese Räume in einer Wohlstandsgesellschaft unseren Zuschnitts vorstellen. Nähern wir uns dem von der negativen Seite, also wie wir es uns nicht vorstellen: zum Beispiel in São Paulo in Brasilien. Dort entsteht durchschnittlicher Wohlstand durch extreme Klassenteilung. Allein im Zentrum der Stadt gibt es 250 Hubschrauberlandeplätze. Die Fortbewegung in der Luft schützt die Reichen, sich durch die gefährlichen Straßen am Boden zu bewegen, die die einfachen Leute bevölkern. Diese sprichwörtliche Abgehobenheit der Superreichen prägt deren Lebenseinstellung: die Furcht vor dem äußeren Sozialleben[101], vor allem in seiner unkontrollierbaren Ausprägung. Das setzt sich in vielen anderen Lebensbereichen fort: *von privaten Bankkonditionen bis zu Gesundheitskliniken, in die man nur auf Einladung gelangt (…) Statt medienlastige Veranstaltungen zu besuchen, arrangiert man private Konzerte, Modeschauen und Kunstausstellungen in den eigenen vier Wänden. Man geht nach Geschäftsschluss einkaufen*[102] – und schafft sich seine eigene Lebenswelt, in der sich diese Klasse verriegelt und das gesamte Leben verbringen kann. Denn die Orte der vermeintlichen Wildnis, die zu dieser Lebenswelt gehören, sind dann private Inseln oder Buchten, in denen man ungestört ist, oder private Trekkingtouren durch Patagonien. Das ursprüngliche, die Abwesenheit von vordergründigem Kommerz, wird mehr denn je zur Geldfrage. Es ist also nicht nur der Konsum, der Geld kostet – es ist im Zusammenhang mit unserer Lebensumgebung mittlerweile das Gegenteil, die Abwesenheit desselben, das wirklich teure. Das Preisniveau zeigt mittlerweile das Verhältnis von Angebot und Nachfrage nach dieser

Abwesenheit. Die scheinbar selbstverständlichste Einfachheit ist vielfach unerschwinglich geworden.

Was von diesen Lebensbildern in uns allen steckt, ist der Qualitätsanspruch des Erlebens: Der setzt eine überschaubare Zahl, ein minimiertes Risiko und eine Echtheit der Dinge voraus. Es ist also die *kleine Zahl*, die sich mit unseren Vorstellungen von Wohlstand deckt. Der große Unterschied aber ist, dass wir die damit einhergehende Exklusivität ablehnen, also das Ausschließen der anderen. Hier in Europa wollen wir gerade nicht zu einer solchen Segregation kommen, sondern diese Facette des Wohlstandes (überschaubare Zahl, minimiertes Risiko und Echtheit der Dinge) für alle zugänglich halten. Das setzt voraus, dass wir für die Öffentlichkeit – und zwar nicht im übertragenen Sinne – Raum und Platz schaffen, beziehungsweise erhalten. Wohlstand, wie wir ihn hierzulande verstehen, hat also neben den abstrakten Zahlen, die die Volkswirtschaft beschreiben, und neben der individuellen engsten Lebensumgebung, die das Leben des einzelnen prägt (der Wohnung also) als wesentliches Merkmal: Raum und Platz für eine schöne Landschaft. Über sie, vor allem, definieren wir uns, wie der deutsche Philosoph und Historiker Karl Schlögel formuliert: *Landschaft ist nicht politisches Territorium, nicht Grenze, nicht Staat, nicht das eine oder das andere, sondern alles zusammen. (…) Landschaft ist das Mittlere, das Dichteste, das Gewöhnliche. Menschen wachsen gewöhnlich nicht in Staaten oder Orten auf, sondern im Mittleren: in Landschaften. (…) Landschaft ist wichtiger als der politische Verwaltungsbezirk, eindrücklicher und dichter besetzt als der Staat. Menschen definieren sich durch Landschaften, aus denen sie kommen, nicht weniger als durch den Staat, dessen Bürger sie sind. Landschaftsbilder sind daher nicht nur Abbilder, sondern die Welt im Kleinen, Mikrokosmen.*[103]

Dieses *Mittlere* im Raum ist das, was wir in der Zeit als *Gegenwart* empfinden. Beides ist unser gefühltes Hier und Jetzt. Wir leben in einigen Sekunden Zukunft und Vergangenheit, die für uns den Moment ausmachen: unsere persönliche Gegenwart. Wir sind uns nicht ständig der Epoche bewusst, in die uns die Geschichtsschreibung einmal einordnen wird. Und wir leben auch nicht in einem großen Raum, nicht einmal einem Bezirk, sondern in der wenige hundert Meter, vielleicht ein paar Kilometer zu überblickenden Umgebung. Wenn nun dieses *Mittlere*, diese Landschaft um uns herum, keine *Gegend* im Otto Wagnerschen Sinne ist, dann trägt das ein Stück weit zum Wohlstand einer Gesellschaft bei. Damit kommen wir zur Zielformulierung, die den Ruf nach Einhalt bei der Verschwendung von Boden (und Landschaft) ohne Wohlstandsverlust beinhaltet: Schaffen wir uns einen qualitätsvollen Raum. Er ist folgerichtig wohlstandssteigernd. Eine solcherart verstandene Wohlstandsgarantie muss Ziel aller planerischen Entscheidungen sein, die unsere Lebensumgebung betreffen. Diese Entkoppelung von Wachstum und Bodenverbrauch wäre der entscheidende *Sprung ein Feld zurück*.

Im Übrigen ist solches Engagement für die Umwelt eines, das vor der Haustüre sichtbar wird. Das Weltklima und seine Veränderungen trifft die Mehrzahl der in der westlichen Welt lebenden Menschen jedenfalls nicht unmittelbar. Alle Auswirkungen kommen über viele Banden und zeitverzögert in deren Lebenswelt an, Ursache und Wirkung lassen sich schwer ausmachen. Anders beim Verbrauch von Landschaft, der die Flucht ins Schöne immer teurer macht.

Vielfach wird als Argument gegen den achtsamen Umgang mit der Lebensumgebung nicht nur die wirtschaftliche Alternativlosigkeit ins Treffen geführt, sondern die verhältnismäßige Geringfügigkeit des Eingriffes in die Landschaft. Die Verwendung, beziehungsweise Verschwendung von Boden, kann allerdings ein Vielfaches zur Verschwendung von Landschaft beitragen. Da verhält es sich wie mit dem sprichwörtlichen Tropfen Gift. Er ist im Vergleich zum Wasserglas tatsächlich nicht groß. Aber ein einziger Tropfen macht es in seiner Gesamtheit ungenießbar. Ein einziger der täglich versiegelten Hektar Land kann die Anmutung einer Landschaft, die Silhouette einer Stadt, eines Ortes mehr zerstören als manch andere großflächige Entwicklung. Auch im Namen des Schutzes der Natur geschieht das. Mit der Konzentration auf nur einen Parameter (etwa erneuerbare Energie) kann das singuläre Windrad, das als Ausweis guten Lebens in einer Gemeinde aufgestellt wird, vor allem aber zum Nutzen des Investors beitragen soll, die Landschaft in größtem Stil verschwenden. Auch wenn die Grundfläche nicht viel ausmacht.

Mit dem Verschwenden von Boden verschwindet also unsere Landschaft, und damit in seinem Wesen das Land, in dem wir leben. Seit zwei, drei Jahrhunderten, vor allem durch die Idee der Nationalstaaten, ist uns die Unversehrtheit der Fläche des Landes außerordentlich wichtig. Auch wenn ein Einzelner persönlich gar nichts davon haben mag, weder wirtschaftliche Vorteile, noch eine schöne Aussicht über das Gebiet. Ein Gebiet aber nicht mehr als zu einem gehörig zu wissen, will man vermeiden. Auch heute, nach den Auswüchsen, die das 20. Jahrhundert in Sachen Gebietsanspruch mit sich gebracht hat. Wir wollen kein Stück Land hergeben, unabhängig, wer darauf wohnt und wie wir zu diesen Menschen in Beziehung stehen. Mauern, wie sie bis heute zur Integrität eines Territoriums errichtet werden, sind die intensivste Kenntlichmachung dieses Anspruchs. Nicht dass wir im 21. Jahrhundert in diesem Zusammenhang in gleicher Vehemenz (und damit kriegerisch) territoriale Fragen lösen sollten. Bemerkenswert ist, wie unberührt wir davon bleiben, wenn Land verschwindet, sobald der Grund in kommerziellen Interessen anderer liegt. Und in den meisten Fällen hat der Einzelne mit diesen so wenig zu tun, wie er von politischen Interessen für die Grenzziehung von Staatsgebieten betroffen ist. Uns ist es offenbar viel gleichgültiger, wenn ein Paradies verschwindet, als wenn jemand anderer es zu *seinem Gebiet* zählt.

IV. WIR VERSCHWINDEN

Denn die wahren Paradiese sind die Paradiese, die man verloren hat.
– Marcel Proust

Räume ohne Wesen

Nur im geringsten Ausmaß verschwinden wir absichtlich. Es kommt vor. Aber die Entsiegelung als Gegenbewegung zum großen Trend des Flächenverbrauchs ist einstweilen verschwindend gering. Kaum wo versuchen wir nach *Gebrauch* einer Fläche diese in den ursprünglichen Zustand zurückzuführen und wieder zu verschwinden. Sie bleibt *ver*braucht. Wir reden uns ein, dem Verbrauch von Land ließe sich entgegenwirken, indem wir andernorts Ausgleichsflächen schaffen, die die Eingriffe in die Landschaft kompensieren: eine Hecke hier, ein Feuchtbiotop dort. Das entspricht der Logik des zuvor angeführten Modells Hochwasserschutz. Ein Noch-mehr soll vermeintlich entgegenwirken.

Ein wirklicher Rückzug aus Teilen der Landschaft steht unserer Menschheitsbiographie entgegen. Seit dem Appell des Untertan-Machens gilt die Maxime des Unternehmens, nicht des Unterlassens. Jegliches Unterlassen vermittelt die Urangst des Untergehens, des Absterbens und des Aussterbens. Gerade bei den Landbewohnern nimmt diese Angst zu. Sie sehen die fortschreitende Urbanisierung, die Ausdünnung der Verwaltungs-Infrastruktur, also den Abzug von kleinen Gerichten, Postämtern und Polizeistationen, und kompensieren das mit gebauter Infrastruktur wie Straßen, Einkaufszentren und Freizeitparks, die Menschen wieder anziehen sollen. So entsteht das Paradox, dass das Land immer weiter zugebaut und versiegelt wird, während tatsächlich eine Abwanderung und Urbanisierung im Gange ist. Viele Landbewohner begreifen immer noch ihre engere regionale Umgebung als wirtschaftliche Einheit, auch wenn sie das schon längst nicht mehr ist. Und für diese braucht es immer wieder neue Menschen, wenn es nur die Zweitwohnsitz-Besitzer sind, die sich für einige Tage im Jahr einfinden. Sie rechtfertigen neue Über- und Unterführungen, größere Parkplätze und andere Asphaltierungsvorhaben aller Art. Die Dorfbewohner fürchten die *kleine Zahl*, die uns mittlerweile zu einem Wohlstandskriterium geworden ist. Und sie fürchten sie umso mehr, als sie sich in ihrem Umfeld verwirklicht[104]. Die merkwürdige Aussterbeangst, die wir längst überwinden könnten, steht dem freiwilligen Rückzug, dem absichtlichen Verschwinden am meisten im Wege.

Der freiwillige Rückzug wäre der nächste Schritt, der auf die – noch lange nicht erreichte – Entkoppelung von Wirtschaftswachstum und Flächenverbrauch folgen könnte. Und er hat unter dem Gesichtspunkt regionaler Bevölkerungsentwicklungen seine Logik. Weit im Nordosten Deutschlands etwa liegt das Städtchen Anklam, ein Abwanderungsgebiet. Seit der Wende 1989 ist die Bevölkerung um ein Drittel auf nur noch etwas mehr als 13 Tausend Menschen geschrumpft. Das ist nicht schlimm. Deutschland stirbt deswegen nicht aus. Sogar der Papst hat uns doch ausgerichtet, es sei nicht notwendig, dass wir uns *wie die Karnickel* vermehren. Damit wird das Postulat vom Untertan-Machen von höchster Stelle relativiert. Wenn in einer solchen Gegend dann aber etwa die Naturschutzorganisation *Rewilding Europe* daran geht, große zusammenhängende Flächen im Oder-Delta zur Wildnis zu machen, sind zwei große Themen zu bewältigen, die typisch für die aktuellen gesellschaftlichen Bedenken sind: Mit dem *Nichts,* also mit der Wildnis, lasse sich kein Geld verdienen, und außerdem hätte das alles mit Natur gar nichts zu tun. Der erste Teil betrifft das reflexartige Abklopfen auf Wirtschaftlichkeit aller Gestaltungen unserer Lebensumgebung. Das zweite ist der Einwand, dass die Ansiedelung diverser Wildtiere, die einst dort heimisch gewesen sind, nicht natürlich ist.

Damit müssen wir ab sofort leben: Alle Natur wird künstlich. Es verhält sich wie mit dem renaturierten Bachbett. So hat es die Natur nie geschaffen, auch wenn es einst genau so ausgesehen hat, wie es jetzt wieder mit hohem wirtschaftlichen Aufwand hergestellt wird. Weil wir, wie im Kapitel über die Verfasstheit gezeigt wurde, die Welt in der Hand haben, betrachten wir auch die Flächen die wir (wieder) in Ruhe lassen als künstlich. Weil es wir Menschen sind, die es so wollen – nicht die Natur.

Mit der Schaffung solcher geschützter Sonderzonen geht die Gefahr einher, dass wir auf den Rest der Welt noch weniger Rücksicht nehmen. Ein sozialistisches Regime schafft etwa Sonderwirtschaftszonen, um dort etwas zu ermöglichen, was man als gar nicht so abwegig erkannt hat (den freien Markt beispielsweise), was aber dem zu vermittelnden Weltbild diametral entgegensteht. Je deutlicher die Verbannung ist, desto leichter lässt sich die Trennung der beiden Welten aufrechterhalten. Wir schaffen das hierzulande in Zusammenhang mit unserer Lebensumgebung mit Nationalparks, und auch mit dem Denkmalschutz. In diesen Sonderzonen beschwört die Gesellschaft Ideale, gegen die sie sonst überall umso mehr verstoßen kann. Da wird eine

Landschaft, ein Gebäude – also unsere Lebensumgebung – partiell unter einen Glassturz gestellt, weil die Gesellschaft die Sache als gar nicht so abwegig erkannt hat, in diesem Fall etwa die Schönheit, die aber dem gelebten Umgang mit der Welt zuwiderläuft. Unter diesen Glaskuppeln wird die Welt artifiziell und hat mit unserer natürlichen Lebensumgebung nichts mehr zu tun. Die derart geschützten Gebäude und Landschaften werden abgetrennt, besonders behandelt, und verschwinden somit aus der selbstverständlichen Umgebung, durch die wir uns natürlicherweise bewegen. Sie verkommen zu touristischen Anziehungspunkten und stehen nur noch für sich selbst. Wir entwickeln uns zu einer Ausstellungsgesellschaft, in der den Dingen nur dann ein Wert zuwächst, wenn sie gesehen werden. In einer Gesellschaft, in der die Dinge, die alle zur Ware geworden sind, ausgestellt werden müssen, um zu sein, verschwindet ihr Kultwert[105]. Die am schönsten sanierten spirituellen Orte, eine Kirche etwa, büßen durch ihre Unterschutzstellung – die einzig das Bestehen des Bauwerks sichert – und die sich daran anschließende Ausstellung, als Aufputz der Gegend, die dadurch *besser* oder *teurer* wird, ihre ursprüngliche Funktion ein.

Am unverhohlensten und konzentriertesten begegnet uns dieser Umstand der *Verkünstlichung*, die längst in alle unsere Landschaften Einzug gehalten hat, bekanntermaßen in Las Vegas. Am *Strip* reihen sich, zumeist als Hotels oder Casinos, Gebäude aneinander, die sich als etwas anderes ausgeben als sie sind: beispielsweise Luxor oder Venedig. Das ist nicht mit Kitsch zu verwechseln, der für sich in Anspruch nimmt, falsche Gefühle vorspielen zu wollen. Das ist hier nicht der Fall, denn es ist gar nicht die Absicht, die Atmosphäre pharaonischer Geschichte oder lieblicher Romantik auszustrahlen, und bei niemandem werden entsprechende Gefühle geweckt. Hier wurde und wird die kapitalistische Ausstellungsfunktion auf den Höhepunkt getrieben. Diese Gebäude sehen nur so aus, um angesehen zu werden, womit die Welt zu einem Ausstellungsraum wird, in dem es darum geht, Aufmerksamkeitskapital anzuhäufen.

Diese Entwicklung setzt mit dem ausgehenden 19. Jahrhundert ein, als globale Events – wie etwa Weltausstellungen – durch die technologischen Fortschritte und die Mobilität der Menschen möglich wurden. Einer der ersten Themenparks der Welt ist 1895 im Wiener Prater errichtet worden: *Venedig in Wien* hieß er, womit uns die Lagunen-Stadt gleich wieder begegnet, und in Wirklichkeit beginnt, in ihrem Wesen zu verschwinden.

Wir brauchen Venedig nicht mehr, und auch nicht all die anderen spezifischen Orte, weil wir sie überall anders haben können. Dort, wo diese Orte, oder zumindest Zitate davon, nochmals in der Welt auftauchen (etwa als Kulisse vor oder in Einkaufszentren), sind sie wesenlos, weil das Unsichtbare eben nicht *ausgestellt* werden kann. Ihr Wesen existiert auch deshalb nicht, weil es im ökonomisierten Raum nicht maßgebend ist, überhaupt geschaffen zu werden. Und dort, wo diese vermeintlich authentischen Orte tatsächlich sind (also in Venedig selbst), gibt es sie ebenfalls nicht mehr, weil sie gleichsam zu einem Las Vegas geworden und einzig auf ihren Ausstellungwert reduziert sind. Die Zurschaustellung von Lebensumgebung als Selbstzweck raubt ihr jeden Sinn – und damit verschwindet ein weiteres Stück Sinnlichkeit aus unserem Leben.

Unser Lebensraum ist nicht mehr Spielraum der Lust. Die Sterilität der Räume, von der Anlage in ihrer Gesamtheit bis zur Verwendung des Materials, ist Ausdruck der Angst vor Vergnügen und Lust. Diese Angst liegt wohl auch in einer uns verstärkt innewohnenden protestantischen Ethik begründet, wonach das Streben nach ökonomischem Erfolg zwar als Ideal gilt, das Erreichte aber nicht genossen werden darf. Die solcherart reduzierten Räume nennt Richard Sennett *neutralisiert*[106]. In dieser genussfeindlichen Welt ersetzen wir uns die Freuden durch verzerrte Extreme. Es darf einerseits das Nützliche und Vernünftige geben. Das äußert sich in schlichten und effizienten Zweckbauten. Und es gibt andererseits das Exzentrische. Das äußert sich in übertriebenen Spaßbauten (und Superzeichen), mit denen wir uns versichern: So prüde sind wir doch gar nicht. Da lassen wir doch einmal etwas in die Landschaft hinausschreien.

Im Gegensatz zu diesen beiden Extremen (vernünftige Fadesse – exzentrische Schrillheit) würde in einer angenehmen und anregenden Lebensumgebung, die uns an vielen Stellen zur Lust an ihr verführen will, mit Masken, Illusionen und Scheinformen gespielt werden.[107] Das alles fand sich in den allgegenwärtigen Facaden einer Zeit, bevor die Ökonomisierung aller Lebensbereiche, auch unsere gebaute Umgebung, erreicht und Facaden diskreditiert hat. Bevor wir die Facade negativ konnotiert haben (als unehrlich; etwas vorspielend, was nicht ist; als Mangel an Authentizität), waren die Rollen, die sie in unserer gebauten Umgebung gespielt hat, breiter gestreut.

In unserem *theatrum mundi* eine Rolle zu spielen, heißt – wie im klassischen Theater –, eine Maske aufzusetzen. Durch sie sprechen die Schauspieler, aus ihnen tönt die Sprache. Aus der lateinischen Bezeichnung *per sonare – durch* (die Maske) *tönen* – entsteht die Person, die vielfältige Rollen spielen kann. So verhält es sich auch mit Gebäuden. Aus der Notwendigkeit eine Außenhaut zu haben, wird die Facade zum Gesicht, englisch: *face*. Die verschiedenen Gesichter, durch die die Häuser in unterschiedlichen Rollen zu uns sprechen, geben der Umgebung ein Wesen, einen Charakter – sie werden zu Personen, die uns mit ihrer Maske als *face* entgegenblicken. Es ist aber zunehmend nicht mehr das *face* einer *per-son*, sondern das face aus *face-book*, das dargestellte, ausgestellte und abgebildete Gesicht. In diesem Sinne wird die Person zu einer, die *ein falsches Gesicht trägt, um sein wahres vor der Öffentlichkeit zu verbergen, und um in der Öffentlichkeit, der Politik, eine Rolle zu spielen*[108]. Das Gesicht hat die Funktion verloren, wirklich Person zu sein; die Facade hat gleichermaßen die Funktion verloren, durch ihr Gesicht zu uns zu sprechen. Sie sind wie die Gesichter in unserer Gesellschaft auf einen Ausstellungszweck reduziert. *In der ausgestellten Gesellschaft ist jedes Subjekt sein eigenes Werbe-Objekt. Alles bemisst sich nach seinem Ausstellungswert. Die ausgestellte Gesellschaft ist eine pornographische Gesellschaft. Alles ist nach außen gekehrt, enthüllt, entblößt, entkleidet und exponiert*[109]. Die Facade wird zu einem Gesicht, das Ware ist, die wiederum das Aufmerksamkeitskapital bildet. Solch kommerzialisierte Umgebungen werden wesenlos (oft sagt man: „Sie haben keine Seele"), weil das Unsichtbare nicht ausgestellt, nicht hergezeigt werden kann. Solchen Gebäuden („Sieh mich!", „Kauf mich!") fehlt dann nicht nur die Sinnlichkeit, sondern auch jeder Sinn.

Sie lassen sich schnell erfassen, weil diese Bauten grell ausgeleuchtet sind. Nicht nur tatsächlich mit Scheinwerfern, sondern auch im übertragenen Sinn durch die Architektur. Metaphorisch geht diese Entwicklung mit dem Begriff „Transparenz" einher, der unseren Sprachgebrauch maßgeblich bestimmt. Er hat durch die Informationsmöglichkeiten in der digitalen Welt höchste Konjunktur. Ursprünglich sollte damit die Anständigkeit als Gegensatz zur Korruption gefördert werden. Mittlerweile ist die Transparenz ein Fetisch, der in Voyeurismus und totale Durchleuchtung abgerutscht ist. Nicht nur im virtuellen Raum, wo Kontrolle durch Information für alle erreicht werden soll, sondern auch im gebauten Raum, wo es keine Dunkelheit und keine Überraschung geben soll. Die durch das Ausleuchten eines jeden Winkels erreichte Transparenz, und das damit einhergehende sofortige Erfassen und Wahrnehmen der gesamten Umgebung, nimmt ihr gleichzeitig den Reiz. Es reizt uns nicht, genauer hinzusehen, Verborgenes zu erkennen – es ist nirgendwo zu erwarten. Ein Rest von Verhüllung und Schleier würde uns anregen und unsere Phantasie beim Flanieren in Gang setzen.

Aber selbst dort, wo wir aufgrund unserer Sicherheitsparanoia verhüllen und verschleiern, schützen wir Transparenz vor, gleichsam als Bekenntnis zur political correctness. Ein eindrückliches Beispiel dafür ist das One World Trade Center in New York, das nach den Anschlägen vom 11. September 2001 am Ground Zero errichtet wurde. Es steht für eine Denkart, die vom Ende ausgeht, von der Katastrophe – und das auf die Spitze getrieben, oder hier besser: in den Sockel betoniert. Das Gebäude spiegelt uns mit seiner Glasfacade zwar transparente Leichtigkeit vor. Tatsächlich ist das Haus aber bis zum zwanzigsten Geschoß, unter dem Glas, komplett mit Stahl verkleidet, um gegen Terroranschläge gepanzert zu sein. Hier tritt uns das Postulat der Transparenz nur noch als Schwindel und Ausdruck unserer Hysterie entgegen. Transparenz dient zur Beruhigung der Masse. Wir wappnen uns gegen eine vermeintliche Apokalypse, und sehen dabei nicht, wie wir die allerengste Lebensumgebung um uns zugrunde richten. Auch wenn wir gegenwärtig in der westlichen Welt in der sichersten aller bisherigen Welten leben, begreifen wir die Zukunft als Katastrophe[110] – und gestalten uns damit auch gleich die Gegenwart katastrophal.

Flanieren wird zwischen Stahlbunkern und pseudotransparenten Glasfacaden aber zur hohlen Phrase und verkommt als Einladung in diese Räume zu deren kommerzieller Bewerbung. Hier lässt sich nicht flanieren, was ein völlig absichtsloses Wandeln durch den Raum wäre. Flanieren ist weniger eine Form sich zu bewegen, als vielmehr eine Form zu erkennen. Es ist die Erfahrung der Lebensumgebung mit allen Sinnen. Das ist in den transparenten, grellcleanen Durchgangsorten, über deren Wege wir gleichsam geschleust werden, nicht möglich. Im flanierenden Gang durch die entsprechenden Orte kommt man weniger in die Gänge als in die Nähe des Müßiggangs, man braucht also vor allem Zeit. Der Inbegriff des wahren Flanierens ist somit die *Kunst, mit einem Hummer spazieren zu gehen*[111]. Wer will das schon, in einer Umgebung, deren Ausgestaltung nur für sich selbst steht, in der man – angehalten durch den langsamen Gang des Tieres – nichts entdecken kann. Ein solcher Spaziergang wäre Kult. Eine kultische Handlung, die sich jeder Zielgerichtetheit entzieht, lässt sich aber nicht beschleunigen. Effizientes Flanieren ist ein Widerspruch in sich. Wir schließen es daher aus und ersparen uns die komplexe Erfahrung unserer Umwelt. Das vereinfacht uns die Welt, beschreibt es Richard Sennett: *Als Stoff für die Kultur sind die Steine der modernen Stadt von den Planern und Architekten, wie es scheint, schlecht gesetzt, denn das Einkaufszentrum, der Parkplatz, der Aufzug im Apartmenthaus verraten in ihrer Form nichts von der Komplexität möglichen Lebens in ihnen. Aus dem, was einmal Erfahrung öffentlicher Räume war, sind heute, so scheint es, schwebende Vorgänge in der Psyche geworden*[112].

Der durch Marcel Prousts Werk umherstreifende Flaneur ist längst im *Un*ruhestand, also in der Gegenwart angekommen. Aus dem *ruheständischen* Dandy ist ein Präsenz-Mensch geworden, der nicht mehr re-präsentiert. Mit dem veränderten Lebensstil hält nicht nur eine allgemeine Beschleunigung Einzug, sondern es verschwindet im selben Maße die Bedeutung der Dinge. Die Lebensumgebung wird damit bedeutungslos. Für Proust ist übrigens der *unmittelbare Genuss*, der mit dem ausschließlich auf die Gegenwart bezogenen Leben einhergeht, nicht zum Schönen fähig. *Die Schönheit einer Sache erscheint erst viel später im Licht einer anderen Reminiszenz. Schön ist nicht der augenblickliche Glanz des Spektakels, der unmittelbare Reiz, sondern das stille Nachleuchten, die Phosphoreszenz der Zeit*[113].

Mit dem mangelnden Erfahren-Können der Schönheit verschwindet natürlich auch der Anspruch darauf. Die Gegenwart ist keine Erzählung (der Vergangenheit) und kein Versprechen (der Zukunft). Sie ist die Frage nach dem Jetzt: Was habe ich davon, was bringt mir das *jetzt*?

Das 19. Jahrhundert war von der Vergangenheit geprägt, und hat in der Gestaltung folglich den Historismus hervorgebracht. Die Neo-Stile waren geboren: Neogotik, Neobarock, Neoklassizismus, etc. Das 20. Jahrhundert brachte den

Futurismus hervor. Von den Ideen der avantgardistischen Kunstbewegung mit dem futuristischen Manifest von 1909, über die literarischen Utopien des polnischen Schriftstellers Stanislaw Lem, bis zu den Prognosen und Prophezeiungen der in den 1990er Jahren in Hochkonjunktur befindlichen *Zukunftsforscher*, hat sich vieles in gebauter Umgebung niedergeschlagen. Den Menschen im 21. Jahrhundert sind die Versprechen einer strahlenden Zukunft und die Erzählungen einer glorreichen Vergangenheit nicht mehr zugänglich. Davon hat Europas Gesellschaft in diesen letzten beiden Jahrhunderten genug erlebt. Kein Leiden im Namen der Vergangenheit oder der Zukunft. Es zählt nur noch die augenblickliche Gegenwart. Und doch ist es zu wenig, sich nur noch ihr zuzuwenden, ist sie doch im Moment auch schon wieder verschwunden. Wir brauchen zeitliche und örtliche Bezüge. Denn wie ein Körper, der auf die bloße Faktizität des Fleisches reduziert wird, obszön ist, sind auch Gebäude, die ausschließlich für aktuelle Nützlichkeit der Gegenwart gebaut sind, die also ohne Referenz sind, obszön[114].

Der smarte Raum – Leben im Jetzt

In unserer gebauten Umgebung soll alles möglich sein. Die technische oder rechtliche Unmöglichkeit ist ein Makel, den wir überwinden wollen. In unserer ausschließlich auf das Positive gerichteten Gesellschaft steht daher das *Entstehen* im Vordergrund, was sich auch sprachlich ausdrückt. In der Wirtschaft heißt das Verschwinden von Erfolg *Gewinn-Warnung*, das Verschwinden von Geld oder Produktivität *Minus-Wachstum*, das Verschwinden von Arbeitsplätzen *neu dimensionieren.* Verschwinden, das notwendigerweise damit einhergeht, ist ein negativer Begriff, den wir vermeiden. Durch das Ersetzen des Begriffs *Verschwinden*, indem wir *Entstehen* (von etwas anderem) verwenden, übersehen wir, was tatsächlich verschwindet. Ohne die entsprechenden Begriffe ist uns als Gesellschaft auch die Erkenntnis einer Entwicklung verstellt. Die Unterscheidung von gut und schlecht ist nicht möglich – wir haben zur Bewertung unserer Lebensumgebung nur den Like-Button zur Verfügung. Durch das Integrieren des Verschwindens in das Entstehen ist der Gegensatz aufgehoben. Wer aber eine Unterscheidung nicht vornehmen will, kann das jeweilige Gegenteil nicht ausmachen.

Tatsächlich verschwindet ganz schön viel: viel Boden und viel Landschaft, die wir achtlos verschwenden. Die Digitalisierung gibt uns aber die Illusion, wir können alles vor dem Verschwinden bewahren. In der Informationsgesellschaft ist das Hauptprodukt Information. Sie verschwindet tatsächlich nicht mehr. Die Daten altern nicht einmal. Sogar wenn abgegriffene britische Pfund-Münzen ersetzt werden, altert das Portrait der Königin. Der Facebook-Mensch indessen lebt auch nach seinem Tod als Zombie weiter, allenfalls versehen mit der Statusmeldung *in memoriam*. Das Nicht-Verschwinden übertragen wir in die reale Welt, wo Gegenden mit ihrem Wesen zwar verschwinden, als Zombie-Landschaften aber weiter bestehen.

Mit dem *Verschwinden des Raums* hat man bisher vor allem auf Entwicklungen abgestellt, die uns den Raum vermeintlich kleiner gemacht haben: Transatlantische Dampfschiffe, die erste Telegraphenverbindung durch das Meer um 1850, heute die Mobiltelephonie oder das Datenkabel, das Börse-Deals zwischen London und New York um fünf Millisekunden schneller macht. Das alles hat den Raum schrumpfen lassen, aber – soweit es nicht dramatische infrastrukturelle Eingriffe in den Raum waren – diesen in der Realität unberührt gelassen, also nicht wirklich verschwinden lassen.

Heute verändern wir den realen Raum schneller, als wir unsere Karten in der Folge ändern können. Für gedruckte Karten gilt das natürlich schon lange. Sie sind mittlerweile bereits im Moment ihres Erscheinens überholt. In Karten, schreibt Karl Schlögel in seinem im Jahr 2003 erschienen Werk zur Zivilisationsgeschichte und Geopolitik, sind Zeiten aufbewahrt: *Vergangenheiten, Gegenwarten, Zukünfte – je nachdem. Wir merken es in der Regel immer erst, wenn eine Zeit zu Ende geht, wenn Karten alt geworden und die neuen noch nicht gezeichnet sind*[115]. 15 Jahre später verwenden wir kaum noch gedruckte Karten. Im Auto hat das Navigationsgerät mit ständig aktualisierten Versionen die unhandliche Faltkarte abgelöst, die uns die Sicht durch die Windschutzscheibe genommen hat – und nicht nur dort. Wir bemerken daher überhaupt nicht mehr, wie Zeiten zu Ende gehen und neue beginnen, wie sich die Vergangenheit unserer Lebensumgebung von der Gegenwart ablöst, weil sich die virtuellen Karten unserer Zeit dem *Morphing*, der Verwandlung, der Landschaft sofort anpassen.

Mit mehreren Hektar Landschaft, die wir täglich verbauen, ändern sich Straßenzüge, Plätze und Bauten mittlerweile so rasch, wie sich im letzten Krieg Grenzen und Frontverläufe geändert haben. Wie schwierig es für das US-Map-Service war, während des Zweiten Weltkriegs die Kartographie aktuell zu halten, zeigt die Zahl der gedruckten

Karten. Die US-Soldaten haben damals eine halbe Milliarde Karten ausgehändigt bekommen[116]. Dennoch waren die meisten überholt, kurz nachdem sie gedruckt waren. Wir schaffen es angesichts der rasanten Veränderungen nicht einmal mehr, mit digitalen Karten der Wirklichkeit hinterherzuzeichnen.

Ich suchte neulich den Weg zu einer Veranstaltung am Stadtrand, deren Ort – weil auf freier Wiese – nicht durch eine Adresse auszumachen und im Auto-Navigationsgerät einzugeben war. Also überflog ich noch zu Hause auf Google-Earth die betreffende Gegend, die Straßen und die letzten Häuser, von denen ich meinte, sie in Erinnerung zu haben. Auf der 3-D-Ansicht huschte ich durch die Gassen, vorbei an einigem alten Gemäuer, und prägte mir die Route ein. Eine halbe Stunde später war alles verschwunden – und zwar in echt. Es gilt eben, *the map is not the territory*[117]. Dieses Zitat des polnisch-amerikanischen Linguisten Alfred Korzybskis macht uns darauf aufmerksam, dass die Erfahrung der Abstraktion auf der Landkarte (heute wäre das die Erfahrung der Bilder im Netz) nicht mit der Erfahrung der Landschaft ident sein kann.

Mit der nicht alternden Information, die jederzeit abgerufen werden kann, und immer in gleicher Weise neu erscheint, geht uns das Gefühl für die Zeit verloren. Auch, weil alles jederzeit verfügbar ist, und wir auch tatsächlich bereit sind, über alles jederzeit zu kommunizieren, nimmt unser Zeitgefühl ab. Mit der abnehmenden Notwendigkeit, uns darum zu kümmern, wie wir zueinander kommen (nämlich im Netz, wo wir raumlos aufeinander treffen), und wie wir an einen realen Ort kommen (nämlich mit Hilfe von Informationen im Netz), geht uns auch das Gefühl für den

Raum verloren. Wer sich nicht mehr konzentrieren muss, wie er an einen Ort kommt, wer nicht darauf achten muss, welche Strecke zu wählen ist, um rasch oder sicher oder durch schöne Landschaft an ein Ziel zu kommen, braucht die Lebensumgebung nicht mehr zu betrachten. Es ist tatsächlich eine Hilfe, sich nicht zu verirren, und es ist eine Erleichterung, nicht unbeabsichtigt die Route mit Verkehrsstaus zu wählen, sondern eine berechnete Alternative angeboten zu bekommen; aber eine Folge ist: Wir verlieren das Raumgefühl. Wir degradieren damit auch den Weg durch die schönste Lebensumgebung zu einem Durchgangsort, weil er uns nur Überbrückung ist. Es ist auch nur eine Lebens-Durchgangs-Zeit, bis wieder etwas geschieht, das wir als Ereignis wahrnehmen. Wie Zeit und Ort bis dahin (bis zum nächsten Event) überbrückt werden, ist uns gleichgültig. Wir verlieren die Orientierung im Raum. Nicht nur auf dem Weg zu einem konkreten Ort, auch in der grundlegenden Gestaltung dieses Raums.

Der Blick auf den Bildschirm kann uns Information über eine Welt geben, die es nicht mehr gibt. Selbst für die Google-Maps-Experten ist die Realität mittlerweile immer einen Schritt voraus [118]; einen außerordentlich großen selbstverständlich in den rasch wachsenden Megacities Asiens und Afrikas. Und auch bei uns sind es neben den verbauten Landschaften die Veränderungen, für die wir mittelbar verantwortlich sind: Gletscher, die sich zurückziehen, Küstenverläufe, die sich ändern, Natur, die es nicht mehr gibt – oder die an anderer Stelle künstlich wieder eingerichtet wird.

Eine gute Karte beschönigt oder verschweigt die Wahrheit, schrieb der Autor Mark Monmonier im Jahr 1991 über die Tricks und Lügen der Kartographen.[119] Zumindest das ist ein

Vierteljahrhundert später weniger denn je möglich. Denn ob etwa unser Urlaubsdomizil, anders als auf der Homepage abgebildet, nicht doch an der Autobahn, einer Kiesgrube oder gar einer Mülldeponie liegt, überprüfen wir zu Hause vor unserer Abreise lieber auf den digitalen Satellitenkarten. Auch wenn es durch das Nachhinken selbst dieser Dienste am Ende viel schlimmer sein kann als vorerst ersichtlich.

Weil in der digitalen Welt, die wir zunehmend als unsere Lebenswelt verstehen, nichts verschwindet, vergessen wir darauf zu achten, was in unserer realen Lebenswelt verschwindet. Am Sperrmüll unserer Erinnerungen verschwindet ein Eckhaus, ein Bahnhof, ein ganzes Viertel, durch das wir jahrelang gegangen sind, es verschwindet unsere Jugend – und lebt als Gespenst fort [120]. Nicht als Erinnerung. Sie wäre Geist.

Wir halten so viel fest, wie nie zuvor in der Menschheitsgeschichte. Noch nie haben wir uns derart intensiv gegen das Verschwinden aufgelehnt, und versuchen jedes Ereignis, jedes Antlitz, unsere ganze Lebensumgebung festzuhalten, beobachten die schönsten Momente, die herrlichsten Häuser, die Tanzaufführung unserer Kinder nicht mit den Augen, sondern live am Bildschirm des Smartphones. Allein auf Facebook werden gegenwärtig pro Jahr fast hundert Milliarden Photos hochgeladen (in Zahlen: 100.000.000.000); und das ist natürlich nur ein Bruchteil dessen, was jährlich photographiert und auf unzähligen Festplatten gespeichert wird. Wir meinen, auch das Verschwinden sei schon verschwunden, weil wir Speicherplatz genug haben, um all die Bilder und Filmchen abzulegen, und weil es bei der Menge an Bildern doch nicht sein kann, dass nicht jede Ecke und jedes Ende dieses Planeten schon festgehalten worden ist.

Selbst, wenn tatsächlich einmal unsere Waffe gegen das Verschwinden, unser Smartphone, verschwindet, liegt das Festgehaltene sicher in der Wolke. Kafka schrieb: *Man photographiert Dinge, um sie aus dem Sinn zu verscheuchen*[121].

Wir kennen es von vielen Gelegenheiten, wie wir beim ständigen Betrachten der Welt über unsere Smartphone-Displays die Welt nicht mehr sehen. Ein „Verein zur Verzögerung der Zeit" kämpft zwar vor allem gegen die sich immer weiter beschleunigende Welt an, hat aber am Bayerischen Chiemsee eine interessante Nebenwirkung erzielt. Er rief dort vor dem Kloster Frauenwörth den „Unesco-Tag des Fotofastens" aus. An schönen Tagen setzen dorthin tausende Touristen mit dem Schiff über, und laufen dann, fast ausschließlich mit dem Blick auf den Bildschirm, über die malerische Insel. Ein Protagonist des Vereins forderte die Menschen auf, im Sinne der vermeintlichen Unesco-Initiative nur ein einziges Bild pro Kamera zu schießen. Anschließend, berichtet er, hätten sich zahlreiche Besucher, mit Tränen in den Augen, bei ihm bedankt[122]. Der Besuch habe ihnen völlig neue Perspektiven eröffnet. Sie mussten wahrscheinlich *flanieren* – und haben dabei auch noch einen Blick auf's Große und Ganze werfen können. *Man brauche eben Erzieher*, schreibt Nietzsche in der „Götzen-Dämmerung", *um sehen zu lernen*. Ungeistigkeit sei *das Unvermögen, einem Reiz Widerstand zu leisten*, ihm also ein Nein entgegenzusetzen. Sehen lernen bedeutet, *dem Auge die Ruhe, die Geduld, das An-sich-herankommen-lassen anzugewöhnen*[123]. Oder wie es der niederländische Autor Cees Nooteboom in seinen Betrachtungen über Bangkok ausdrückt: *Mach die Augen zu und schau!*[124]

In der Flut der Bilder, die unsere Welt zeigen, sind sehr wenige, die uns mehr von der Welt erklären. In den allermeisten Fällen illustrieren sie Bekanntes. Sie unterbrechen nur das gleichförmige Schriftbild eines Textes, sei er gedruckt oder auf dem Bildschirm. Sie lassen uns daher nicht innehalten – und die Welt betrachten, die darauf abgebildet ist. Zum einen, weil es so viele sind, die minütlich über uns hereinbrechen, zum anderen, weil sie zumeist nur noch Gestaltungselement gegen Ermüdungserscheinungen der Leserinnen und Leser sind. Eine halbe Minute vor einem Bild zu verweilen, in selbiges gedanklich hineinzukriechen, wie wir das vielleicht gelegentlich vor dem Gemälde in einem Museum tun, widerspricht unserem eingeübten Rezeptionsverhalten [125]. Wenn uns daher einmal tatsächlich die Welt – auf einem einzigen Photo abgebildet – vor Augen geführt wird, sehen wir sie nicht. Das einzelne und einzige geschossene Bild der Frauenwörth-Besucher repräsentiert aber im besten Fall ihre Gefühle, die sie an diesem Tag hatten. Hunderte der Bilder (anschließend vielleicht auch sofort online gestellt) hingegen würden einzig präsentieren, und zwar sich selbst. Wir nehmen in der Flut der digitalen Bilder das einzelne anders wahr. Es schafft die Illusion der Anwesenheit und die Illusion des Schutzes vor dem Verschwinden. Die digitale Kommunikation ist eine *blickarme* [126].

Weil mit den vielen Bildern, die unsere Welt ausmachen, vermeintlich alles da bleibt, meinen wir, die Welt könne sich verändern, ohne dass wir darauf achten müssten, was zu unserem Leid verschwindet. Die virtuelle Welt halten wir längst für unsere reale Lebensumgebung, und kümmern uns kein Bisschen darum, wohin sie verschwindet. Es liegt für uns auch nicht nahe, dass eine komplett vermessene, an jedem Ende photographierte und bis in den letzten Winkel kartographierte Welt, die wir in ihrer Gesamtheit zu einer *digitalen Kulturlandschaft* gemacht haben, verschwinden könnte. Es ist so unwahrscheinlich, wie ein vollbesetztes Flugzeug in einer solchen Welt einfach verschwinden kann.

Weil wir aber bemerken, wie in unserer Welt das Verschwinden verschwindet, haben wir schon wieder Sehnsucht danach. Trends und Gegentrends bilden sich bekanntlich so schnell heraus wie noch nie – und bilden sich auch in der Landschaft ab.

Wir finden im Netz, wo die Daten nicht altern, zu einem Thema belanglose spontan hingeschriebene Tweets in gleicher Weise neben wissenschaftlichen Texten, in denen jahrelange Forschungsarbeit steckt. Da wäre ein Verblassen des aus der Situation geborenen schlichten Gedankens, der für eine vergangene Präsenz bestimmt war, nicht schlecht. Bemerkenswerterweise sind es ausgerechnet die Unternehmen Apple und Facebook, die diese Sehnsucht nach Verschwinden in baulicher Weise als erstes aufgreifen. Ihre in Kalifornien (geplanten) Headquarter sind keine spiegelnden Türme, die weithin einen Machtanspruch aussenden und Präsenz zeigen, sondern sollen künstlich in der Landschaft verblassen: Weitgehend ebenerdig, selbst eine Landschaft bildend und in dieser verschwindend [127].

Im Verschwinden könnte auch eine Chance stecken: Unsere Lebensumgebung frei von der vermeintlich *notwendigen* und *nützlichen* Infrastruktur zu machen. In unseren Wohnungen kann die Digitalisierung eine angenehme Leere schaffen. Schon jetzt können wir beobachten, wie Schallplatten und CDs, Bücher und Aktenordner, Computer-Rechner und Photoausrüstungen, Lichtschalter und Fernbedienungen aus unserer unmittelbarsten Umgebung verschwinden; das lässt uns dann in manch einem Hotelzimmer beim

Versuch, das Licht aus- oder den Fernseher anzuschalten verzweifeln. Wir haben uns innerlich noch nicht ganz von den haptischen Dingen getrennt. Der Anker für emotionale Erinnerungen ist vor dem endgültigen Verschwinden im Zwischenlager am Dachboden oder im Keller. *Smart Living* kann auch die Möglichkeit sein, für die Dinge Platz zu haben, auf die wir in unserer analogen Umgebung nicht verzichten wollen. Es ist also nicht nur ein technologischer Schritt, es kann neue Gestaltungsmöglichkeiten eröffnen. Auch im weiteren Raum, in dem wir uns bewegen.

Im weiteren Raum lautet das Schlagwort *Smart City*, was darauf abzielt, Städte durch das Zusammenwirken der Dinge, durch das Internet der Dinge, effizienter zu gestalten. Dieser technologische Fortschritt soll eine grünere Stadt ermöglichen, an deren Gestaltung sich mehr Menschen denn je beteiligen können. Die Krux an dieser Entwicklung und vor allem an der Implementierung der schon vorhandenen Möglichkeiten sei, dass man die Smart Cities *nicht sieht*, sagt ein Experte[128]. Sie verschwinden also nicht, sondern sind offenbar bereits in ihrem Entstehen nicht sichtbar. Man sollte sie aber sehen, wenn auch nur als *Negativ*.

Sie könnten noch weiter gehen – und ein *gutes Verschwinden* in unserer Lebensumgebung vorantreiben. Die Smart Cities könnten uns von der monströsen Infrastruktur, mit der wir unsere Lebensumgebung zerstören, und die so viel Fläche und visuelle Bedeutung einnimmt, befreien. Wir könnten eine ganze Menge Infrastruktur wegräumen und uns aus einem guten Stück Fläche und Raum zurückziehen.

So sehen die Verheißungen aus: Der *smarte Verkehr* braucht keine Ampeln oder Hinweisschilder; alle Verkehrsteilnehmer (damit sind die Dinge gemeint) kommunizieren miteinander. Er fließt dadurch leichter, verbraucht in Summe nicht nur weniger Energie, sondern auch weniger Platz für Staus und damit weniger Verkehrsfläche. Die *Sharing Economy* ist ihrer Konzeption zufolge eine, die weniger Dinge braucht, weil sie geteilt werden. Die Gebrauchsmöglichkeit löst das Haben ab. Wer sich etwa des *Car-Sharings* bedient, braucht keinen Privat-Pkw – oder zumindest einen weniger im Haushalt. Das erlöst uns von weiterer Verkehrsinfrastruktur. Der *3D-Drucker* im kleinen Geschäftslokal ums Eck ist der Tischler 2.0, und stellt die Bauteile für den Kasten her, den wir uns auch weiterhin mühsam zu Hause zusammenschrauben müssen, uns aber die Fahrt in Bau- und Möbelmärkte an den Abfahrten der Stadtautobahn erspart. Das alles sind längst entworfene Visionen, die auf Tagungen und Konferenzen landauf, landab vorgetragen werden. Tatsächlich könnte, aufgrund des technologischen Entwicklungsstandes, manches schneller Realität werden, als es momentan noch scheint.

Es ist aber zu befürchten, dass uns die Smart City nicht in gleicher Weise von monströser Infrastruktur befreit, wie uns der Einzug der entsprechenden Technologie in der Wohnung von der Plattensammlung befreit. Denn in der Logik unseres kapitalistischen Wachstumsimperativs ist es höchst unwahrscheinlich, dass jemand etwas einführt, was am Ende tatsächlich *weniger* braucht (etwa Ressourcen), weniger Kapital umsetzt und weniger Rendite bringt – mit anderen Worten: Am Ende will doch niemand etwas *verschwinden* lassen. Was dann vielmehr eintritt, wird *Rebound-Effekt* genannt. Er ist vor allem bei unseren Bemühungen um mehr Energieeffizienz zu beobachten. Da werden Einsparungen, die in einzelnen Teilbereichen erzielt werden, weil Glühbirnen beispielsweise weniger Strom verbrauchen, dadurch sofort zunichte gemacht, dass wenig später viel mehr beleuchtet wird als je zuvor. So brauchen wir momentan mehr Energie als je zuvor und stellen uns auf einen noch größeren Zuwachs ein, obwohl wir uns versichern, immer effizientere Geräte zu bauen – und sie uns auch in ihrer Verwendung per Gesetz vorschreiben.

Der Grundgedanke bei den smarten Dingen liegt darin, den Nutzen in den Vordergrund zu rücken. Die Frage ist nur noch, wozu man eine Sache braucht, welchen Zweck sie erfüllen soll; nicht hingegen, wie sie am besten beschaffen ist, und wem sie gehört. Das Gegenständliche verschwindet also bei der Herangehensweise: Es ist bei den notwendigen Dingen unseres Alltags der sinnvolle Schritt vom Haben zum Sein, also vom Besitzen einer Sache zur reinen Möglichkeit ihres Gebrauchs. Hier reduziert sich die Sicht auf die Dinge auf deren Nutzen. Der weitere logische Schritt ist, die Sachen zu teilen, gemeinsam zu benutzen – also die *sharing economy*. Dieser Wandel zum strengen Blick auf den Nutzen schlägt sich wiederum auch in unserer gebauten Umgebung durch. Hier ist das immer intensivere Abstellen auf den Nutzen aber abträglich. Kultur (und damit Baukultur, Lebenskultur, Kultur der Landschaft, etc.) ist der Aspekt des Nutzens fremd. Der Kultur wohnt die Nutzlosigkeit inne. Die immer nützlicher werdenden Bauten unserer Lebensumgebung werden daher zunehmend kulturloser.

Das Internet der Dinge wird in unserer gebauten Lebensumgebung zunehmend Gespenster hervorbringen: Wir gestalten Räume für Dinge, in denen Dinge mit Dingen kommunizieren. Das könnte, wenn wir den Rest, das Bisherige, wegräumen gar nicht so schlecht sein. Aber wir haben weder die Bereitschaft *weniger* zu produzieren, noch die Bereitschaft, im mathematischen Sinne zu kürzen. Das heißt, wir sammeln in der Landschaft gleichsam im Zähler und Nenner viel an, freuen uns, dass der Bruch eine so niedrige einfache Zahl ergeben würde (und vieles gelöst sei), kürzen aber nicht. Wir bauen also beispielweise Straßen für Autos, in denen wir nicht mehr sitzen werden. *Kürzen* hieße in diesem Fall, beides wegzulassen. Wir schicken Güter durch die Landschaft, die *smart* an jeder Stelle entstehen könnten, und keinen Transport bräuchten. Das erinnert an die in anderem Zusammenhang vom Philosophen Slavoj Žižek entwickelte Sex-Phantasie: Demnach gehen wir so weit, dass wir Sex (im Sinne einer *smarten* Organisation unseres Lebens) durch Stellvertreter durchführen lassen. Die Sexspielzeuge für Mann und Frau erledigen das Vergnügen, während sich die ersetzten Protagonisten zurückziehen, um sich auszuruhen oder ein gutes Buch zu lesen[129].

Auf dem Weg dorthin sind wir einstweilen selber aber noch ein bisschen dabei. Das zeigt sich, wenn wir einen Blick auf die ersten Realisierungen dessen werfen, was unter einer *smarten* Gestaltung der Stadt zu verstehen ist. Der Fahrtendienst Uber, der online Autos samt Fahrer vermittelt, gehört beispielsweise dazu. Der kann, wenn man nicht gerade Taxiunternehmer ist, durchaus eine Erleichterung im Alltag sein. Es kommt rasch ein Wagen, dessen Standort man bei der Anmietung via Smartphone-App sehen kann – und weil die Autos samt Chauffeuren nicht den rechtlichen Voraussetzungen eines Taxis nachkommen, sind sie bis zu einem Viertel billiger. Im Umstand, dass die Lenker keine spezifische Ausbildung haben, die Wagen nicht für den gewerbsmäßigen Transport versichert sind, keine geeichten Taxameter angebracht sind, liegt auch der Grund für die Proteste gegen das Unternehmen. Ein Streit, der sich mit neuen Regeln im Gewerberecht aber wohl beilegen lässt. Was in diesem Zusammenhang aber die viel beachtlichere Entwicklung ist, sind die vielen von Uber gesammelten Daten über Verkehrsflüsse in der Stadt oder Fahrgewohnheiten von Personengruppen. Sie sind für eine effiziente und ökologische Organisation einer Stadt von großer Wichtigkeit. So lassen sich etwa Verkehrsstaus verhindern oder ganz grundsätzlich Entscheidungen in der Stadtplanung treffen. Die Daten, die Uber sammelt, sind aber auf urbane Probleme ausgerichtet, die sich durch das Angebot der eigenen Firma am besten lösen lassen, also auf den Profit von Uber ausgerichtet sind. Das ist aus deren Sicht auch legitim, sollte aber nicht Städte dazu anregen, sie zu nützen – und im Gegenzug Uber eine lang vorenthaltene Zulassung zu erteilen[130]. Denn hier handelt es sich natürlich um ein Unternehmen, das wenig damit anfangen kann, dass so manche Strecke besser, schneller und günstiger mit öffentlichen Verkehrsmitteln zurückgelegt werden kann, oder sogar einmal ein Stück zu Fuß gegangen werden kann. Das bringt kein Geld, und bei solchen Ideen käme auch niemand auf den Gedanken, ein Unternehmen mit vergleichsweise wenigen Mitarbeitern und kaum Eigenkapital einen Wert von 40 Milliarden Dollar zuzuschreiben. Hier geht es also um den Wert des Datensammelns und den Schlüssen daraus, die ein Mehr an Infrastruktur nach sich ziehen; und das dann eben in die eigene, in Ubers Tasche, spielt. Der Entwicklung zum *Smarten* wohnt also die Gefahr inne, dass wir uns rasch zu einem *Mehr* hinreißen lassen, das mit der neuen Entwicklung einhergehen muss. Energieversorger müssen zum Beispiel gleich *die nötigen Systeme aufbauen, sonst werden wir die Energiewende nicht schaffen*[131]. Zu erwarten sind da natürlich intensive Eingriffe in die Lebensumgebung. Der Begriff der Smart City, dem in seinem Kern eine Reduktion, ein Weniger, also gewissermaßen ein *Verschwinden* innewohnt, droht in seiner tatsächlichen Umsetzung ein *Mehr* hervorzubringen.

Sich gegen das *Mehr* zu stellen, war einst etwas leichter, weil besser auszumachen war, wie es zustande kommt, und weil die Widerständigen nicht in derselben Logik verfangen waren wie die Widerstand leistenden. Wenn Schutz vor dem Verschwinden in die kapitalistische Logik integriert wird, manifestiert er sich, wie wir das zuvor in Zusammenhang mit den Naturschutzgebieten oder dem Denkmalschutz erörtert haben, in einem Paradox, bei dem insgesamt das Gegenteil des Gewünschten erzielt wird. Es hat allerdings eine Bewegung gegeben, die sich eine Zeit lang dieser Logik entziehen konnte, ehe auch sie in die kommerziellen Interessen eingemeindet wurde: die Hausbesetzer.

Hausbesetzer – die Retter vor dem Verschwinden

Hausbesetzer haben in ihrer Hochzeit der 1970er Jahre nicht aus einem bildungsbürgerlichen Konservativismus heraus alte Häuser besetzt, um sie vor dem Verschwinden zu retten. Es waren außermarktwirtschaftliche Motive, die das technokratische Vorwärtsbetonieren gebremst haben. Der wohlklingendere Euphemismus *Gentrifizierung* war damals noch nicht im Sprachgebrauch üblich. Sie waren die eigentlichen Konservativen, die das Bestehende als Kontinuum in die Gegenwart überführen wollten. Häufiger sind aber leider

Nostalgiker: Sie wollen – umgekehrt – punktuell die Gegenwart in die Vergangenheit überführen.

Ziel der Besetzer war, einen Raum *für alle*[132] zu erhalten – oder zu etablieren. In diesem *für alle* steckt zweierlei. *Im Unsichtbaren* waren es Bestrebungen, die sich – im Nachklang der 68er-Ideen – um den Begriff *Selbstverwaltung* gruppieren. Alle sollen bei Entscheidungen partizipieren können. Da geht es also in erster Linie nicht um das Aussehen der gebauten Umgebung, sondern um Machtfragen, und wie in deren Folge mit der Umgebung verfahren wird. Es ging also im Wesentlichen um Öffentlichkeit, die uns heute mehr als damals in einer immer partikulärer werdenden, und aufs eigene Ich-bezogenen Gesellschaft abhanden kommt. *Für alle* hat heute weniger mit Partizipation als mit der durch das Internet beförderten Gratis-Kultur zu tun. Sie bezieht sich – und damit schlagen wir wieder die Brücke zur realen Umgebung – auch auf die Inanspruchnahme unserer Landschaft. Sie muss doch auch mir gehören, heißt es. Ein Anspruch, der zu Recht – und schon seit jeher – gestellt wird. Beim *Auch-mir-gehören* denkt der Zeitgenosse aber nunmehr wirklich nur noch *an sich*, und nicht an sich als Teil der Gesellschaft, wodurch der Ort, den er beansprucht zum öffentlichen Ort würde. Der öffentliche Platz wird nunmehr besetzt durch den privaten Eventveranstalter, oder den Individual-Verkehr, oder durch Kommerz-Zeichen – und repräsentiert damit nicht Öffentlichkeit. Den Wald wollen manche Eigentümer daher deshalb nicht mehr öffentlich zugänglich halten, weil es nicht die Öffentlichkeit ist, die hinein will, sondern eine Vielzahl von Einzelnen, die individualisiert und kommerzialisiert, eine Landschaft (etwa als Mountainbiker) *konsumieren* wollen.

Im Sichtbaren war dieses Postulat *für alle* eine Gegenbewegung zur Idee von Le Corbusier der entflechteten Stadt und ihren getrennten Funktionsbereichen. Eine Idee, die aus der Zwischenkriegszeit stammt, und in einer modellhaften Ausgestaltung für Paris den Abriss der historischen Altstadt vorgesehen hätte, um dort einige Wohntürme und Autobahnverbindungen zu errichten – nach dem Grundsatz: jede Sache an einem bestimmten Platz. Das *Für alle* der Hausbesetzer hieß, diesem Grundsatz entgegengesetzt, in einem zweiten Sinn daher auch: alle Menschen sollen in all ihren Rollen, die sie haben (Verkäuferin, Vater, Patient, Passantin, Museumsbesucher etc.), einen gemeinsamen Lebensraum nutzen. Heute gehen wir wider besseres Wissen aber vielfach wieder in Le Corbusiers Sinne vor: jetzt aus reiner Achtlosigkeit. In der Nachkriegszeit war das noch – wenn auch irrender Weise – mit planerischen (und weltanschaulichen) Ideen unterlegt: Auf den Straßen sollte der Verkehr schnell dahinfließen, gearbeitet wird in den Geschäftsvierteln, geschlafen in den suburbanen Schlafstädten. Das Leben, das sich in engen Gassen abspielt, war nur als unhygienisch, gefährlich und sozial bedenklich in Erinnerung, und behindert den Autoverkehr. Die weltanschauliche Grundlage für diesen Irrtum war damals also eher sozialdemokratisch, heute ist sie ausschließlich kapitalistisch.

Diese Gegenbewegung der Hausbesetzer hat sich also gegen eine ihr selbst weltanschaulich viel näher stehenden Idee gerichtet, die in der gebauten Umgebung als nachteilig erkannte Entwicklungen hervorgebracht hat. Der Kampf *für alle* war also im Sichtbaren ein Kampf gegen die funktionalistische Stadt, die plötzlich und erstmals nicht mehr von organischem Wachstum geprägt war. Die Hausbesetzerinnen und Hausbesetzer artikulierten einen Widerstand gegen planerische Brutalität, die in dieser Zeit erstmals auszumachen war. Die Wehmut über Kriegszerstörungen an Bauten wechselte in eine Offensive: Wo für diese Ideen nicht genug zerstört wurde, musste man nachhelfen. Im Österreich der Nachkriegszeit, wo sich zeigte, dass im Vergleich zu Deutschland viel weniger zerstört wurde, blickten Planer mit einem gewissen Neid über die Grenze, wo planerisch rücksichtloser hat vorgegangen werden können[133].

In den vereinzelten Fällen, in denen die Hausbesetzer einen Sieg über die Abrisswut erzielen konnten, war es also nicht ein Sieg der Denkmalschützer. Es war auch kein Sieg über kommerzielle Auswüchse, die im Vergleich zu heute geradezu herzig anmuten. Es war ein erfolgreiches Ringen um menschennah gebaute Strukturen, solche *für alle*, in denen sich die verschiedenen Aspekte des Lebens abspielen können. Wenn sich ihr Ziel also auf das Äußere einer gebauten Lebensumgebung gerichtet hat, waren die außermarktwirtschaftlichen Motive dafür wahrscheinlich Voraussetzung für den Erfolg. Der Kapitalismus ist nunmehr viel geschickter, und kann diese Protestbewegung in der Form integrieren, dass es sie inzwischen nicht mehr als Gegenkonzept gibt. Es bleibt nur noch eine feuilletonistische Kapitalismuskritik, die *zielsicher überall dort auf den Plan tritt, wo sie dem System garantiert nicht schadet*[134]. Kapitalismuskritik ist das neue Hausbesetzen, und sie gilt manchem auch mehr als das neue Yoga[135], als dass damit eine Veränderung der Gesellschaft herbeigeführt werden sollte. Die post-ideologischen Menschen, die vermeintlich sachliche Zwänge über politische Visionen stellen, gehen in die Mitmachfalle.

Eine Gegenbewegung nach Art der Hausbesetzer ist daher momentan nicht zu erwarten. Wer an der Hand der Eltern zur Studienberatung geführt wird, entdeckt auch die Brutstätte für solche Ideen, die WG, nur an deren Händen. „Meine Eltern haben das Projekt entdeckt – ich habe mich gleich angesprochen gefühlt“[136]. Die verschiedenen Arten in dieser wirtschaftlich schwierigen Phase des Studentendaseins wird – wie alles – vom Markt (oder allenfalls vom sozialen Wohnbau) aufgegriffen und in ordentliche Bahnen gelenkt. Und der vergnügte Bewohner stimmt zu.

Selbst die radikalen Reste, die noch übrig bleiben, schafft der Markt zu integrieren. Und zwar, ohne dass die von den Besetzern angestrebten Ziele angeboten oder zumindest angesteuert werden. Hausbesetzen ist mittlerweile auch auf der weniger erwartbaren Seite, also auf der der Hausbesetzer, zum Business geworden. Es geht um den eigenen Mehrwert, und nicht um die Gestaltung von Lebensraum und Gesellschaft. Dieser Mehrwert ist dann oft nur die Wohnmöglichkeit für die Dauer der „Besetzung“, die natürlich keine mehr ist. In Wien hat sich beispielsweise ein Hauseigentümer Hausbesetzer gleichsam gekauft, um einige verbliebene Mieter aus dem Haus zu vertreiben, und dieses, bestandsfrei, in anderer Form „zu verwerten“. Die Besetzer sollten es im Sinne des Eigentümers den Mietern derart verleiden, dass sie die Verträge von selbst kündigen. Im Gegenzug steht ihnen der „besetzte Raum“ zur Verfügung. In diesem Fall hat das aber nicht ganz geklappt. Die letzten standhaften Bewohner haben sich unerwartet mit den Besetzern solidarisiert, womit mehr Menschen im Haus waren als die Eigentümer ursprünglich intendiert haben. Nur durch ein massives Polizeiaufgebot, das den Steuerzahler knapp eine Million Euro gekostet hat, konnte der Investor im Frühling 2014 wieder über sein Gebäude verfügen. Die Gesellschaft hat sich damit also ein kleines Spektakel gekauft. Im besten Fall wären die Besetzer nur in die Widerstandsfalle hinein- und nach Erfüllung ihres Zwecks auch wieder hinausgegangen. So mussten sie eben von über Tausend Executivbeamten hinausgetragen werden.

Andere, man ist verleitet zu sagen „bürgerlichere" Widerständige, sind da leichter zu steuern. Sie gehen mit Lust und Freude in die Mitmach-Falle hinein, glauben in der Gestaltung ihrer Lebensumgebung etwas erreicht zu haben, und rollen dem kritisierten Investor doch nur den roten Teppich aus. Aber das ist bereits eine Folge des Verblödens.

V. WIR VERBLÖDEN

Türkis oder Rosa – das ist hier die Frage! – BÜRGERINNEN KÖNNEN ÜBER DIE EINFÄRBUNG DER U-BAHN-BESCHRIFTUNG ENTSCHEIDEN

Partizipation als Beschäftigungstherapie

Aus einer Zeit, als Hausbesetzungen tatsächlich ihr Ziel erreicht haben, und aus Spekulationsobjekten Kulturzentren geworden sind, die der Stadt ein Stück mehr Urbanität verliehen, rührt eine Idee her: Selbstverwaltung, Partizipation an Entscheidungsprozessen, die die Gestaltung der Lebensumgebung betreffen, oder zumindest ein Stück mehr Demokratie. Solange es diese Rufe nach mehr Mitbestimmung gegeben hat, waren die Machtverhältnisse noch klar auszumachen. Auf der einen Seite jene, die tatsächlich darauf Einfluss genommen haben, was wo gebaut wird; auf der anderen die, die das akzeptieren mussten. Diese Grenze gibt es nun nicht mehr. Aber sie ist nicht durch eine verstärkte Einbindung der Menschen in Entscheidungsprozesse ihre Umgebung betreffend verschwunden. Die Bürgerbeteiligung (klingt schon viel harmloser als Basisdemokratie) ist zu einem Herrschaftsinstrument geworden.

Manchmal kommt Bürgerbeteiligung unbedeutend daher, und stellt in der aktuellen Situation kein großes Ablenkungsmanöver dar. Aber sie beschäftigt die Menschen und verleiht ihnen das Gefühl, die Gestaltung der Räume, in denen sie sich aufhalten, mitbestimmen zu können. Noch dazu, wenn die Entscheidung offenbar auf höchster Ebene getroffen werden könnte, und doch dem Volk überlassen wird – etwa bei einem Sitzlehnen-Referendum der Österreichischen Bundesbahnen, der ÖBB. Der Verkehrsminister hat gemeinsam mit dem Landeshauptmann eines pendlerstarken Bundeslandes medienwirksam den Startschuss für diese Bürgerbeteiligung gegeben, in dem sie sich schon einmal in die Mustersessel der Züge lehnten. „Es ist uns ein großes Anliegen, dass unsere Fahrgäste bei der Entscheidung über die neuen Sitze aktiv mitbestimmen können", so ein Manager[137].

Aus Stuttgart und den Turbulenzen rund um das Bahnprojekt *Stuttgart 21* weiß man, wie gefährlich es werden kann, wenn sich die Bürger nicht beteiligt fühlen. In letzter Konsequenz hat das im Jahr 2011 bekanntlich dem konservativen Ministerpräsidenten von Baden-Württemberg das Amt gekostet. Das Projekt wird trotzdem durchgeführt; unter dem ersten grünen Ministerpräsidenten, der mit dem Versprechen einer Politik des „Gehört-werdens" gepunktet hat. Auch dort, wo vermeintlich nur für die Menschen und nur das Allerbeste errichtet werden soll, tut man demnach gut daran, das Projekt mit einem *Akzeptanzmanagement* zu begleiten. Man kann nicht früh genug damit beginnen, den Menschen das Gefühl zu geben, sie seien von Beginn an eingebunden. Die Wiener Linien etwa haben bereits vier Jahre vor dem Baustart der ersten Etappe einer neuen U-Bahnlinie ein Farbreferendum abgehalten. Die Menschen sollten darüber entscheiden, in welcher Farbe die neue Linie auf der Netzkarte eingezeichnet wird, und wie in der Folge das Stationsleitsystem, also die Beschilderung, aussehen soll. Dazu wurden im August 2014 143.000 Stimmen abgegeben[138]. Mit 65 Prozent der Stimmen setzte sich Türkis deutlich gegen

Rosa durch. Zu einem nervenaufreibenden und spannenden Duell ließ sich die Abstimmung dann aber doch nicht hochstilisieren, der Trend zeichnete sich offenbar schon kurz nach dem Voting-Start ab.

Wer in dieser Form schon mit der Sache befasst ist, dessen Akzeptanz wird ordentlich gemanagt, vor allem für den Fall, dass später umstrittenere und unangenehmere Entscheidungen zu treffen sind. Wenn man sich etwa mit der Sessellehne oder der Schilderfarbe identifizieren kann, wird der Widerstand deutlich geringer ausfallen. In einem solchen Beteiligungsprozess werden zentrale Begriffe der basisdemokratischen Partizipation verwendet – von beiden Seiten allerdings unterschiedlich interpretiert. Der Kommerz übernimmt Begriffe wie *Einbindung, Beteiligung, Dialog, Kompromiss*, etc., im Wissen, nichts davon tatsächlich tun zu müssen. Die Steuerung all der Beteiligungsprozesse liegt immer klar auf Seite der Betreiber eines Bauprojekts. Die versprochene Win-win-Situation ist damit eine doppelte, allerdings beide Male auf Seiten des Entscheiders. Er gewinnt insofern, als dass am Ende genau das gemacht wird, was ohnehin geplant ist. Auch der Prozess ist nur noch ein scheinbar demokratischer, weil von der herrschenden Seite gesteuert und auf Nebengleise verlegt. Der Gewinn liegt in einer zweiten Weise nun darin, schneller ans Ziel zu kommen und dabei noch Kosten zu sparen.

Ausgrenzung von Widerstand und dessen Protagonisten, das war im letzten Jahrhundert. Damals sind Menschen, die an Bagger angekettet waren, auch als Gegner deklariert worden – und das hat die Sache interessanterweise für die solcherart Diskreditierten leichter gemacht. Eine Grenze zwischen dem Dafür und Dagegen konnte gezogen werden.

Als im Dezember 1984 die ersten Bäume der Stopfenreuther Au an der Donau südöstlich von Wien gefällt werden sollten, war klar, wer die Guten und wer die Bösen sind. Je nach Standpunkt waren es entweder die Schlägertrupps, deren Gewaltbereitschaft sich gegen die Bäume richtete, oder die Au-Besetzer, die sich vor Kettensägen und Bagger warfen, um diese zu stoppen. Aber man konnte sich jedenfalls – auch ganz bequem von der Couch aus – aussuchen, welche Sicht der Dinge man präferierte. Das geht heute nicht mehr. Denn es gibt kaum mehr so ungeschickte Politiker, nach deren Auftritten im Fernsehen die Zahl der Projektgegner gleich wieder um ein paar Tausend in die Höhe schnellt. Heute würde es selbst der kettensägende Waldarbeiter beherrschen, die goldene Harfe der Ökologie zu spielen, und den Baum unter Applaus zu fällen.

Wir sollen nunmehr die uns im Grunde widerstrebenden Entscheidungen nicht mehr nur hinnehmen – wir sollen das bitte auch mit Freude tun. Der kapitalstarke Investor hat die Elternrolle übernommen: Mach' nicht nur, was wir wollen, sondern erfreue dich auch daran! Wer die Menschen bespaßt und vermeintlich in den Entscheidungsprozess einbindet, muss nicht nur mit weniger Widerstand rechnen und erspart sich damit in der Durchsetzung des Projekts viel Geld. Im besten Fall lassen sich die vermeintlich Partizipierenden auch noch dazu missbrauchen, die Sache zu verbessern. Menschen, die bereit sind, auf Internet-Seiten kommerzieller Anbieter Produkte nicht nur zu bewerten, sondern ganze Anleitungen dazu zu schreiben, manchmal geradezu Gutachten – und das kostenlos, in der irrigen Meinung, dadurch mündiger, von einem Unternehmen unabhängiger Kunde zu sein, diejenigen sind auch bereit, für eine Info-Tafel, auf der ihr Name verewigt wird, sich kreativ und positiv in das Bauprojekt einzubringen. Der Widerstand gegen ein Projekt lässt sich eben nicht so leicht organisieren, wenn man beispielsweise damit befasst ist, einen Themenweg zum Sexualleben der Rotbauchunke (die es dann vielleicht gar nicht mehr in dieser Zahl geben wird) anzulegen. Den geschotterten Weg und die Sitzgelegenheiten zwischen den Schautafeln übernimmt großzügig der Investor. Das reicht auch oft schon zur Befriedung. Der Widerstand ist längst *eingepreist*, und auf diese Art lässt er sich ganz leicht finanzieren. Die große gesellschaftliche Auseinandersetzung darüber, was wir in unserer Lebensumgebung haben wollen, wird zu einer kleinen Management-Agenda, die zu erfüllen ist, wie man sich etwa um die entsprechenden behördlichen Bewilligungen kümmern muss. Anders als mit einer solchen geplanten Akzeptanzbeschaffung sind große Bauprojekte nicht mehr zustande zu bringen, insbesondere wenn die Kosten und der zeitliche Rahmen dafür planbar bleiben sollen. Durch den Missbrauch der Begriffe aus dem Bereich der Partizipation lässt sich die Verfolgung wirtschaftlicher Interessen des Einzelnen gut in ein Interesse am Gemeinwohl verkleiden. In dieser Maske der Begriffsumkehrung kommt die prügelnde Polizei der 1970er und 80er Jahre heute daher. Man spürt es daher nicht, wenn die Mitbestimmung genauso gering ist wie einst. So ist es möglich, dass jeder noch so große und grobe Widerstand gegen ein kommerziell getriebenes Großprojekt, das unsere Lebensumgebung beeinträchtigt, im Sand verläuft, in einem weichem Polster voller Daunenfedern gedämpft wird, in dem jeder Schrei erstickt, und jeder Knüppelschlag zur Streicheleinheit wird.

Selbst die kleinsten Errichter von umstrittenen Projekten haben gelernt, ihre Widersacher einzukochen. Nach Erscheinen des Buches *Mut zur Schönheit* hat mir ein Leser vier Bilder geschickt, wie sich in seinem speziellen Fall seine Lebensumgebung entwickelt hat. Es beginnt mit einem Schwarzweißbild, auf dem ein Bauernhof zu sehen ist, im Vordergrund die Kreuzung zweier geschotterter Fahrwege und davor ein Marterl, also ein kleines religiöses Denkmal, ein Bildstock. Auf den beiden weiteren Bildern, schon in Farbe, verliert das Haus im Hintergrund seine landwirtschaftliche Nutzung und wird ohne Rücksicht auf seine Form und seine Umgebung umgebaut. Die Wege im Vordergrund werden asphaltiert, das Marterl verfällt. Auf dem letzten Bild ist der Hof vollkommen verschwunden, ersetzt durch eine grell-gelb gestrichene die Landschaft beherrschende Wellblechhalle. Die Wegkreuzung davor wurde zu einem Kreisverkehr – und in dessen Mitte steht, tipptopp saniert, das alte Marterl. Dieses Bauwerk war ohne Zweifel der geringe Kaufpreis für das reibungslose Vorantreiben der eigenen Absichten. Es war die Beruhigungspille für die vermeintlichen Verhinderer, denen die scheinbare Alternativlosigkeit des Unterfangens, also die Zerstörung der Lebensumgebung, nicht einleuchtend war. Nicht nur, dass dieses Marterl jetzt – zombifiziert, wie wir das im letzten Kapitel beobachtet haben – als Bauwerk keine Bedeutung mehr hat, außer die des Hinschauens wie auf ein touristisches Objekt, nicht nur, dass es unerreichbar mitten im Kreisverkehr seine Funktion als spiritueller Ort verloren hat, und eben ein Gespenst geworden ist, es steht hier als Beispiel für eine höchst asymmetrische Mediation (und nicht als Plädoyer für mehr Marterln).

In diesem scheinbar kleinen und in unterschiedlicher Ausformung täglich vorkommenden Fall ist ein Marterl, das am Ende nicht mehr als eine Disneyland-Plastikfacade darstellt, der Preis gewesen. Sich als Gegner auf diese Weise auf Partizipation einzulassen ist ein Sündenfall – und auch bei nichtreligiösen Ersatzangeboten verliert die Bürgerbeteiligung so ihre Unschuld.

Warum diese Verfahren nicht auf gleicher Augenhöhe stattfinden können, und daher in der politisch-gesellschaftlichen Auseinandersetzung nicht taugen, beschreibt ein Aktivist in Zusammenhang mit *Stuttgart 21*: „Die politische Mediation ist ein Konzept, welches das Verfahren und die Haltung der Mediation auf den politischen Bereich anzuwenden versucht. Das heißt, hier wird ein Konfliktverständnis auf politische Prozesse übertragen, das bei der Vermittlung von zwischenmenschlichen Konflikten angewendet wird. Diese Übertragung geht nicht; schon weil die Prämisse verkehrt ist, politische Auseinandersetzungen seien wie Konflikte zwischen Menschen oder Gruppen zu behandeln. Was für die Klärung eines zwischenmenschlichen Konflikts wertvoll und heilsam ist, funktioniert nicht bei politischen Konflikten, denn die Rahmenbedingungen sind grundverschieden.“[139] Also nur, weil bei diesen Auseinandersetzungen auch Emotionen im Spiel sind, sind es nicht in erster Linie diese, die einer sachlichen Lösung im Wege stehen. Letztlich sind es gegensätzliche Interessen, die nur politisch gelöst werden können. Aber die Politik hat in Sachen Gestaltung unserer Lebensumgebung nicht mehr vorrangig Einfluss, das Primat liegt beim wirtschaftlich Stärkeren, und das sind Investoren im weitesten Sinn. Sie haben jetzt auch die Deutungshoheit über die Begriffe der Partizipation erlangt.

Umdeutung der Begriffe und Zeichen

Begriffe sind es, die uns unsere Umgebung erst erschließen. Um die Realität (sei es in Form von Realitäten oder Ideen) im tatsächlichen und im übertragenen Sinne *begreifen* zu können, müssen wir sie benennen. Wir werden dabei zunehmend in die Irre geschickt. Rechtsnationale Identitäre verwenden die Zeichen der Popkultur und der Linken, wie sich einst ein totalitärer Staat demokratisch genannt hat. Innerhalb seines Systems lässt sich mit diesem Begriff dann nicht mehr argumentieren, man zielt ins Leere, weil er schon – und zwar umgedeutet – besetzt ist. So sind auch viele der Begriffe für eine Bürgerbeteiligung gar nicht mehr verfügbar, weil sie längst von der gegnerischen Seite weggeschnappt wurden. Die Nachfahren der selbstverwaltungsbewegten 68er gehen in der Folge in die Mitmach-Falle.

Es sind aber nicht nur Begriffe, die nicht mehr zu gebrauchen sind, wenn sie vom Kommerz inhaliert sind, sondern auch Zeichen, die in unsere Lebensumgebung bisher als Protest gegen herrschende (Bau-)Verhältnisse Eingang gefunden haben. Einmal von Nobeldesignern oder einer aufgeklärten Stadtverwaltung, die Sprayerwände zur Verfügung stellt, entdeckt, wird ihnen die subversive Kraft genommen. Was kann denn der in einigen mitteleuropäischen Städten seine Schriftzüge und Bilder hinterlassende Graffitikünstler noch ausrichten, wenn er mit dem Wort *Luxus* und damit verbundenen sinnreichen und -leeren Sprüchen Kritik an der Gesellschaft üben will, und gleichzeitig die teuersten Wohnungen damit verziert werden. Ein New Yorker Appartementhaus in der Bowery hat die Graffiti-Anmutungen aufgegriffen, die in dieser Gegend zu finden waren, ehe die noblen Blocks gebaut wurden. Am Sockel des Hauses zieht sich entlang der Facade eine metallene Skulptur, die wie in die Luft gezeichnete Graffito-Malerei aussieht. *Die Ästhetik des Graffiti-Zaunes absorbiert alle Formen ideologischer Gegnerschaft und macht sie zum Ornament seines Triumphes*[140]. Die einstige Äußerung der Unterklasse, die mit der Botschaft, *wir schreiben über euch hinweg*, ihre Anwesenheit bezeugen will, wird nun selbst überschrieben. Der Gebietsschutz ist gefallen. Hier manifestiert sich, was der Kunst im Neoliberalismus ganz grundsätzlich erfährt: ihre soziale Abwertung und ihre ökonomische Aufwertung[141].

Das gleiche gelingt den Konzernen mit den Zeichen *für gutes Leben*, die uns einst versichern wollten, wir greifen bei diesen Konsumgütern nicht rücksichtslos in die Welt ein. Sie sind mittlerweile aber so vielfältig geworden, dass jedes Unternehmen mehr Erde rettet als wir tatsächlich haben. Allein die CO_2-Bilanz muss durch all die Versicherungen, die mir etwa die Post auf ihren Lkw gibt, höchst positiv sein. Irgendwo in der Welt werden zwar Ölpalmplantagen gegen jede Vernunft errichtet – aber gleichzeitig wird mit großen Umweltschutzorganisationen zusammengearbeitet. Damit lässt sich sicher eine Zertifizierung erreichen, und ein schickes Abzeichen. Viele Unternehmen meinen es durchaus ernst mit ethischer Produktion, sind aber selbst kaum in der Lage, eine solche zu kontrollieren.

So wie es bei Bauprojekten der Fall ist, dass sich die Trennlinien zwischen Schutz und Zerstörung nicht mehr ausmachen lässt, so ist das in der Folge bei unserer Lebensumgebung ganz grundsätzlich der Fall. Einst war klar: Die einen wollen ein Kraftwerk, vielleicht auch Arbeitsplätze – wenn es auch nur ein kurzfristig gültiges Argument war. Die anderen wollen die Erhaltung von Natur. Gut und Böse – gleich, von welcher Seite man das betrachtet hat – war klar auszumachen. Heute ist auch der Umweltschutz Teil des Kommerzes: Keine Marke kann es sich leisten, offensichtlich auf der falschen Seite zu stehen.

Denn Umweltschutz bedeutet gleichzeitig Lifestyle. Mehr als um Ethik geht es Verbrauchern vielfach um Ethikgefühl: Etwas mehr für das Flugticket bezahlen (das lässt sich online mit einem Klick auf den Button *gutes Gewissen* machen), und schon soll sich der CO_2-Ausstoß der Reise verringern. In diesem Sinne: Bitte auch keine Debatten mehr über die Nutzung der letzten freifließenden Gewässer, keine Debatte über die Aufstellung eines Windrades in jeder Gemeinde, und die dazugehörenden Stromleitungen über jeden Bergrücken. Mit dem beschränkten Blick auf die CO_2-Reduktion als Selbstzweck werden bekanntlich andernorts auch Atomkraftwerke argumentiert. Umweltzerstörung kann heute also ohne Weiteres im Deckmantel des Umweltschutzes daherkommen. Umweltbewegte Bürger, nicht einmal Umweltpolitiker können noch ausmachen, wo Gut und Böse ist. Allfälliger Widerstand gegen die vielen kleinen Unsinnigkeiten schrammt hart an der Grenze der Lächerlichkeit oder führt ins Querulantentum.

Kraftwerke sind ein gutes Beispiel für Bauten, die man in der unmittelbaren Umgebung nicht haben will; einst nicht einmal in der weiteren. Da hilft das Argument der sauberen Solarenergie nicht, wenn das Windrad genau mir die Landschaft verstellt. Da hilft das Argument der erneuerbaren Wasserkraft nicht, wenn es meine Ufer sind, die zwar plötzlich als Erholungsgebiet angepriesen werden, sie aber ein solches zuvor auch schon, und noch viel mehr waren. Mit gekonnter

Verschleierung von Gut und Böse, von angenehmer und störender Veränderung der Lebensumgebung, haben die Errichter nicht nur keinen Widerstand zu erwarten, sie können die Menschen sogar dazu anregen mitzuzahlen. Der Begriff *BürgerInnenkraftwerke* trägt schon einigermaßen viel Korrektness auf, sodass man nicht geneigt ist, mit diesem schlechte Absichten zu verbinden. So schaffen es die Errichter, die sich dieses Modells bedienen, ausgerechnet in den kritisch eingestellten gesellschaftlichen Gruppen die meisten Geldgeber zu finden. Dazu trägt natürlich die geschickte Namensgebung *BürgerInnenkraftwerke* bei, in der ein wenig die Sehnsucht nach verlorengegangener Selbstverwaltung mitschwingt. Konventionelle Energieversorgungsunternehmen, gegen deren Pläne schon einmal eine Protest-Initiative auf den Plan treten könnte, schaffen es damit in die Begriffswelt der möglichen Gegner einzudringen, deren Sprache umzudeuten, und dann auch noch deren Geld zu bekommen. Wer es schafft, die Menschen mitzahlen zu lassen, braucht keinen Widerstand zu befürchten. Es entsteht Infrastruktur nicht in erster Linie, weil wir sie brauchen, sondern weil das Geld so gut verzinst ist, dass es kaum eine bessere Anlage gibt. Ein Modell, das in einem nächsten Schritt ebenso für Autobahn- oder Müllverbrennungsanlagenbauer Vorbild sein kann, und damit eine besonders gewitzte Form der Finanzierung darstellt. Wenn Bürger ihr Geld so zielgerichtet in Infrastruktur stecken können, verebbt auch das ständige Herumnörgeln an der Budgetpolitik einer betreffenden Körperschaft. Am Ende dieser Gedankenkette steht als Simulation von Beteiligung daher der *BürgerInnenhaushalt*. Nicht Wahlen bestimmen über die politische Richtung, die sich in einer ihrer Ausgestaltungen eben auch in der gebauten

Lebensumgebung manifestiert, sondern Investments des Einzelnen. Die öffentliche Debatte über Nutzen und Nachteil von (etwa kommunalen) Projekten ist dann schon sehr eng mit dem Kapitaleinsatz des einzelnen Bürgers verbunden. Das überkommen geglaubte Zensuswahlrecht lässt grüßen. Die partizipative Kraft desjenigen ist größer, der das bisschen Kleingeld auf der Seite hat, sich zu beteiligen[142]. Die tatsächliche Ausgestaltung ist aber natürlich ein Placebo: *Berücksichtigt man, wie gering der Anteil der Gelder ist, über deren Verwendung die Bürger mitreden dürfen und wie nebensächlich häufig die Fragen sind, mit denen sie sich beschäftigen dürfen, erweist sich der vielfach als partizipatorische Innovation gefeierte Bürgerhaushalt als eine weitere Variante der allerorten stattfindenden Mitbestimmungssimulation*[143].

Was unter dem Deckmantel der Stärkung lokaler Demokratie in Zeiten der Globalisierung daherkommt, hat ausgerechnet in der Stadt seinen Ursprung, die als Gegenpol zur Globalisierung steht, die das Sozialforum als Gegenveranstaltung zu Davos und dessen Weltwirtschaftsforum beherbergte: in Porto Alegre in Brasilien. Dort hat es diese Form des BürgerInnenhaushalts erstmals 1989 gegeben.

Man betreibt damit eine vermeintliche Unterschutzstellung von verantwortungsvollem Umgang mit Budget, und meint, Menschen gehen dort pfleglicher mit den Dingen um, wo sie die Ressourcen selber einbringen. Es verhält sich aber wie bei den Reservaten aus Nationalparks und Denkmalschutz: Man kann dann überall anders noch viel bedenkenloser handeln. Es bräuchte keine solchen Parallelstrukturen der Demokratie, die mit tatkräftiger Unterstützung und unter Wohlwollen der Kunden von Konzernen geschaffen werden. Sie zielen nur darauf ab, jene Rahmenbedingungen vorzugeben, die eine Beschränkung der geplanten Projekte und des Wirtschaftens nicht behindern.

Diese Aufweichung der klar erkennbaren Interessenslinien hat dazu geführt, dass eine kurze Ära des Umweltschutzes zu Ende geht. Sie ist etwa für die Jahre von 1985 bis 2015 auszumachen. Mitte der 1980er Jahre ist die Artikulation von Widerstand gegen Eingriffe in die Landschaft institutionalisiert worden. Seit Kurzem haben wir nur noch das Gefühl von Freiheit, unsere Umwelt so gestalten zu können, wie wir wollen. Mitbestimmung ist die Auswahl zwischen vorgegebenen Alternativen geworden, was sich nicht zuletzt auch deshalb immer schwerer definieren lässt, weil mit dem immer schwierigeren Ausmachen der Grenzen zwischen den Interessensgegensätzen auch die Benennung der Interessen mit Worten zunehmend unmöglich wird.

Wir sind uns über die Bedeutung der Begriffe weniger einig denn je. Und da geht es nicht darum, dass *Landschaft* oder *Schönheit* für sich genommen keine exakten Begriffe sind, die im jeweiligen Bedeutungszusammenhang einer genaueren Eingrenzung bedürfen. Da geht es vielmehr darum, dass wir ganz absichtlich den Sinn eines Begriffs ins Gegenteil umkehren. Beim Wort *Schönheit* ist das besonders augenscheinlich: Es wird in Zusammenhang mit Gebäuden gleich gar nicht verwendet. Die Schönheit bildet keine Kategorie der Einordnung. Wenn es um Landschaften geht, dann imaginieren wir die Schönheit hinein, weil es sich um Sehnsuchtsorte handelt, die mit diesem Begriff aufgeladen sind, aber damit nichts mehr zu tun haben. Wir bleiben bei der Benennung *schön*, weil wir zumindest umgekehrt, eine solche dann darin sehen. Das heißt, ein Begriff kann darauf

Auswirkung haben, wie wir die gebaute Lebensumgebung wahrnehmen. Wir verblöden also durch die Uminterpretation der Begriffe in ihr Gegenteil, und können nicht einmal mehr gegen uns widerstrebende Entwicklungen ankämpfen, weil sie durch Worte beschrieben werden, die wir als ihr gewünschtes Gegenteil ins Treffen führen würden. Wenn uns die Worte fehlen, können wir auch die Sache nicht mehr greifen – noch dazu, wo es in unserem Fall der gebauten Lebensumgebung konkret um angreifbare Dinge geht.

Diese Umkehrung der Begriffe macht uns wütend oder ohnmächtig. Es geht aber noch schlimmer: mit Schwurbel-Argumentation. Humbug, oder Bullshit, wie ihn der Philosoph Harry Gordon Frankfurt in seinem Grundlagenwerk zur angewandten Dummheitsforschung[144] definiert, macht es uns noch schwieriger. Da werden wir eingehüllt in eine Wolke blumiger oder intellektuell erscheinender Worte und Wortkreationen, die sich in Satzgirlanden um die Hässlichkeit in unserer Umgebung schlingen. Es ist keine Umkehrung der Begriffe und auch keine Unwahrheit, die sich ausmachen lässt; es ist einfach ausgemachter Blödsinn.

Wer gefragter Architekt werden will, sollte das einigermaßen beherrschen. Das wurde mir bei einem Architekturfestival eindrücklich vor Augen geführt. Da stellte etwa ein Architektenduo ein nahezu fensterloses Hotel vor, das es in Südtirol errichtet hat. Begründung für die Fensterlosigkeit: Eine fremde Stadt wolle man erkunden, in dem man in diese hineingeht. Bis dahin sei man in seinem Zimmer abgeschlossen und ohne Blick auf das, was einen erwartet. „Das Gesamtvolumen des neuen Hotelbaus werde durch die geschickt gegeneinander verschobenen Geschoße aufgelöst". Dass das Haus inmitten des kleinteilig anmutenden

Städtchens etwas klobig wirkt, könnte man natürlich auch anders entschuldigen, als mit der *Auflösung des Gesamtvolumens*. Und bemerkenswert ist, dass bei dieser etwas eintönigen Facade, *Innen und Außen in einem interessanten Kontrast zueinander stehen*[145]. Häuser mit richtig vielen Fenstern werden dann auch nicht einfach als lichtdurchlässig gesehen, sondern da *hinterfragt die Transluzenz der Hülle die erste Wahrnehmung*. Der deutsche Sprachkritiker Wolf Schneider hat sich auf die Suche nach dem ausuferndem Bullshit in der Architektensprache gemacht[146], und fragt sich etwa, ob *die primäre Andeutung eines Baumkörpers* auf einen Baum hindeutet oder gerade nicht auf diesen. Und wahrscheinlich fragte er sich bei der angepriesenen *leichten Auffindbarkeit aller Nutzungsbereiche*, ob er schnell genug auf's Häusl findet. Es wird wohl eines geben, denn die Mieter zieht es *zunehmend in Komplettstandorte*[147]. Klar, dass sich angesichts der so beschriebenen Gebäude ein anderer Vortragender zur Aussage hat hinreißen lassen, Architektur sei Poesie. Es war dann allerdings – was für ein Zufall – das eingangs zitierte Christian-Morgenstern-Gedicht, das das nächste vorgestellte Bauprojekt beschreiben sollte. Und das deutet dann schon die Absurdität und Komik an, die sich – wie in dessen Gedichten – in unserer Landschaft niederschlägt.

Dieser Bullshit-Sprech ist höchst infektiös. Nicht, dass immer gleich das Vokabular übernommen wird. Es ist vor allem die Bereitschaft, zuerst die ferner liegende Eigenschaft in einem Gebäude oder in der Landschaft zu sehen, und nicht die, die einem zuerst in den Sinn kommt. Die Kommunalpolitikerin einer Provinzstadt erklärte mir bei einer Veranstaltung, sie halte es durchaus für eine Möglichkeit, dass die Besucher, die einst in ihre Stadt kommen, nicht das barocke Ensemble am zentralen Platz bewundern, sondern die Gegend am Rande. Auf ihre Initiative hin wurde dort weit in die Umgebung des Siedlungsgebiets reichend, Grund zur Bebauung umgewidmet, und ein Kreisverkehr angelegt. Wie ein Magnet wurden von diesem Kreisverkehr die üblichen verdächtigen Kommerzketten angezogen, die mit offenen Armen und der nicht notwendigen öffentlichen Unterstützung willkommen geheißen wurden; ein Nicht-Ort, wie er hunderte Male auf gleiche Weise entsteht, wie er in gleicher Anmutung überall in Erscheinung tritt – und übereinstimmend von allen Anwesenden als belanglos bis störend empfunden wurde. Und doch flüchten wir (in diesem Fall die betreibende Politikerin) bei den größten Scheußlichkeiten, die wir uns zumuten, in Hoffnungen, die nur unter Ausschluss von gesundem Verstand zusammengezimmert werden können; in die Hoffnung, dass sich diese Nicht-Gegenden einmal als Anziehungspunkt und Pilgerstätten für Touristen entwickeln. Die ihr Hoffnung machende Analogie bestand in einem Gebäude, das kulturhistorisch tatsächlich eine bemerkenswerte Entwicklung genommen hat: das Loos-Haus am Wiener Michaelerplatz, gegenüber der kaiserlichen Hofburg. Ein heikler Bauplatz, der unmittelbar an den Kern des imperialen Wien anschließt – und auf den vor allem Kaiser Franz Joseph von seinen Fenstern aus blicken musste. Mangels Stuck über den Fenstern seines neuen Gegenübers (in „Ornament und Verbrechen" formuliert Loos seine Skepsis) wurde es schnell das *Haus ohne Augenbrauen* genannt und galt tatsächlich für viele und über lange Zeit als Fremdkörper und manchem als Hässlichkeit. Heute ist es kaum zu sehen, so viele Touristen stehen mit ihren Reiseführern und Photoapparaten davor und bewundern es, und auch für die Bewohner der Stadt ist es ein die Pracht der Umgebung vermehrendes Werk. Warum also sollten die heute von uns geschaffenen, uns heute abstoßenden Gegenden an den Rändern der Siedlungsgebiete und im weiten Raum dazwischen, der längst kein *Dazwischen* mehr ist, nicht eine ebensolche Wandlung durchmachen?

Wer heute mit solchen Zukunftsaussichten argumentiert, darf sich und den anderen so gut wie alles zumuten. Die Zukunft ist ein Begriff, alles rechtfertigend wie das Argument der Wirtschaftlichkeit. Sie stellt heute immer eine Herausforderung dar, die wir *annehmen* müssen, und meint in unserer Sache doch nur, dass wir den Verbrauch unserer Lebensumgebung (als soziale Folgekosten) infolge expansiver Marktstrategien *in Kauf nehmen* müssen. Eine solchermaßen erklärte Zukunft ist wie ein religiöses Heilsversprechen. Leider bezieht es sich auf das Diesseits: Das heißt, wir werden in dieser fernen Zukunft, wenn die abstoßende Umgebung plötzlich als schön gilt, nicht mehr da sein, womit all die Verschandelungen für unsere individuelle Ewigkeit gebaut sind. Dass die Gebäude schneller denn je *abgeschrieben* werden, schlägt sich nur in der Buchhaltung nieder. Der religiöse Mensch, der Heilsversprechen auf das Jenseits bezieht, kann zumindest hoffen, dass sich mit Eintritt in selbiges, nicht gleich wieder ein Einkaufs-*Paradies* auftut. Bis dahin muss er ohnedies mit den irdischen Paradiesen dieser Art leben. Auch die säkularisierte Heilserwartung unserer Kommunalpolitikerin kann uns also kein Trost sein. Und ein wesentlicher Umstand, der das von ihr ins Treffen geführte Loos-Haus und die achtlos gestaltete Dazwischen-Umgebung trennt, lässt jede Hoffnung auf die Zukunft fahren: Es ist der Grad der Vorsätzlichkeit.

Natürlich setzt sich kein Planer an seinen Zeichentisch und denkt, in dieser Gegend mache ich es den Leuten so richtig hässlich. Aber es gibt da, um eine Anleihe beim Strafrecht zu nehmen, feinere Unterscheidungsmöglichkeiten. Unsere Stadträtin wollte möglicherweise nicht in erster Linie die ihr anvertraute Gegend verhässlichen. Aber sie hat es *in Kauf genommen*, weil es für sie, und in Folge für uns alle, die wir dort vorbeikommen, im Namen der Wirtschaftlichkeit oder im Namen der Zukunft gerade so sein muss. Auch die abgefeimtesten Investoren wollen die Verschandelung doch nur *in Kauf nehmen*. Das Strafrecht spricht in diesem Zusammenhang von *dolus eventualis*, von der schwächsten Form des Vorsatzes zwar, aber eben doch von Vorsatz. Vor Gericht würde dies das Strafausmaß erhöhen, in unserem Fall der rein gesellschaftlichen Betrachtung eines Phänomens, erhöht es zumindest das Ausmaß der Schuld, die wir bei dieser Art von Umgang mit der Landschaft auf uns laden. Wir zerstören also vielfach vorsätzlich unsere Lebensumgebung, ohne es zu merken. Denn in Kauf nehmen heißt nur, dass das eigentliche Ziel zwar etwas anderes ist – aber die Nebenerscheinungen und begleitenden Folgen *akzeptiert* werden. Die vermeintlich notwendigen eigentlichen Ziele werden allerdings in eine tabuisierte Zone abgeschoben, und der Diskussion entzogen. *Für die Zukunft gut aufgestellt zu sein* (was immer das bedeutet), oder bei den Ratingagenturen gut angeschrieben zu sein, steht offenbar auch einer kleinen Landregion gut an. Dafür müssen die Menschen Kollateralschäden in ihrer Lebensumgebung eben *in Kauf nehmen*.

Loos hingegen hatte zumindest tief in seinem Inneren das Wollen, nicht das Hässliche zu schaffen. Er wollte es auch nicht in Kauf nehmen, er war zutiefst überzeugt davon, das Gegenteil zu entwerfen. Es hat also zumindest *einen* Menschen gegeben, ihn, der das Entworfene so und auf genau diese Weise wollte. Das unterscheidet seine Initiative für etwas zunächst Abgelehntes von der Vorsätzlichkeit. Unsere Achtlosigkeit ist also nicht als Versehen zu entschuldigen. Wir müssen uns in unserem viel rascheren, großflächigeren und im negativen Sinne nachhaltigeren Verändern unserer Lebensumgebung ein höheres Maß an Bösartigkeit zuschreiben.

Der große Humbug überkommt uns aber nicht nur, wenn es um die verblödende Beschreibung der *äußeren Gestalt* der Bauten geht. Eine solche zielt darauf ab, dass wir Dinge in unserer Lebensumgebung akzeptieren, die wir bei kurzem Hineinhören in unser Empfinden als scheußlich ablehnen würden. Der Humbug überkommt uns auch, wenn es um die verblödende Beschreibung der *Funktionen* von Bauten geht. Die sollen uns zunehmend weniger klar sein, sich uns jedenfalls nicht gleich erschließen. Denn die Akzeptanz alleine reicht nicht – wir sollen auch noch in diese Landschaft hineingehen.

Das gelingt oft ganz gut. Und daher hört man von den Errichtern gerne den Hinweis darauf, dass sich doch so viele Jugendliche, beispielsweise in diesem Einkaufsparadies, oder jenem Shoppingcenter aufhalten und dort ihre Freizeit verbringen. Tatsächlich sind mancherorts viele zu sehen. Sie *konsumieren* aber nur ihre Freizeit. In dieser durch und durch kommerzialisierten Umwelt, die nur Konsum (und nichts anderes) zulässt, lässt sich Freizeit nicht *gestalten.*

Einkaufscenter, die eigentlich zum Einkaufen da sind, vermitteln aber vielmehr das Spiel. So wie uns alle Produkte immer ein spezifisches Erlebnis, wenn nicht gleich ein Lebensgefühl vermitteln müssen, um am Markt bestehen zu können, so ist es mittlerweile auch bei den Welten, in die wir hineingelockt werden und in denen wir uns aufhalten. Der Kapitalismus rechtfertigt sich in dem Fall durch Entertainment. Seine Gamifizierung tritt als Verblödung in unserer gebauten Umgebung in Erscheinung.

Der Möbelmarkt Ikea, der uns sonst nur die immer gleichen Containerbauten an die Autobahnabfahrten am Stadtrand stellt, hat sich mit einem neuen Konzept in einer Hamburger Innenstadtlage versucht. Es wurde allerdings kein Möbel-Nahversorger daraus. Nicht nur die Köttbullar-Fleischbällchen mit Fritten und Soße für vier Euro neunzig haben den Markt mehr zu einer Kantine als zu einem Möbelgeschäft gemacht, er ist – seinem Spielangebot wegen, und nicht ganz freiwillig – auch zur Kindertagesstätte geworden[148]. Eltern haben ihre Kinder dort abgegeben, sind aber dann woanders hingegangen. Wo sich alle Funktionen vermischen, und Kinder von klein auf nicht wissen, was sie an welchem Ort machen können, dort kommen auch Erwachsene der Verblödung nicht mehr aus. Der Möbelkonzern sah sich daher zuletzt sogar dazu gezwungen darauf hinzuweisen, dass die Filialen keine Indoor-Spielplätze seien. Denn in den Niederlanden hatten sich zehntausende Menschen jenseits des Räuber-und-Gendarm-Alters per Facebook dazu verabredet, in drei Filialen Verstecken zu spielen. Die Gefahr, dass einige in den ausgestellten Kühlschränken oder im Lycksele-Bettkasten nicht mehr gefunden werden, war dann doch zu groß. Wer ein solches Publikum hat, braucht keine Angst zu haben, ein Imageproblem zu bekommen, weil man besondere Kreativität beim Steuersparen an den Tag legt. Konzernen, die Milliarden Netto-Gewinne machen und dabei keine 50 Tausend Euro Steuern bezahlen[149], bleibt viel Geld, die nächste Immobilie aus dem Boden zu stampfen und sie aus der Portokasse zu bezahlen. Da kann man dann auch einen sicheren Versteckspielplatz für die Generation 18+ vorsehen, mit Bettzeugladen, die sich für die nichtgefundenen Versteckspieler zur Not auch von innen öffnen lassen.

Kommunen tun das schon, und sind damit den Konzernen, die das sehr bald für sich entdecken werden, wohl nur einen kleinen Schritt voraus. Die Stadt Wien etwa hat begonnen, auch Spielplätze für Erwachsene zu bauen[150]. Aber es ist nur folgerichtig, den Menschen die Möblierung ihrer Freizeiträume vorzugeben, denn sie gehören schon einer Generation an, die keine Wastelands, kein *Dazwischen* mehr vorgefunden hat, in dem ausschließlich die Phantasie eine Rolle bei der Gestaltung der freien Zeit in einem Raum gespielt hätte. Angetrieben von der Gamifizierung in der virtuellen Welt, sagt uns der Spielplatz mit seinen vorgegebenen Baulichkeiten: Brav sein! Wir haben gut überlegt, was Ihr tun könnt. Mit dem Spiel lässt sich die Gesellschaft kontrollieren – und in Räume führen, die man in seiner freien Zeit nicht aufsuchen möchte. Spielerisch gehen die Menschen nun nicht nur nicht angewidert hin, sondern hätten sogar ein schlechtes Gewissen, wenn sie sich nicht auch noch darüber freuen.

Die Maschinerie der Verblödung zielt also darauf ab, dass wir das, was wir im Vollbesitz unserer geistigen Kräfte, und vielmehr bei Reflexion unserer Gefühlslage, als abstoßend empfinden, lieben; dass wir uns also mit dem, was uns gezwungenermaßen in der Landschaft umgibt, persönlich identifizieren. Verlangt wird eine Identifizierung, wie das in der Geschichte der Gesellschaft nur ein Künstler mit seinem

Werk hatte: Seine Gefühlszustände, Ansichten, Gedanken, Apelle, Zustandsbeschreibungen bilden sich in einem Werk – in seiner Materialität und Äußerlichkeit – ab. Ausgehend von internationalen Konzernen musste eine solche Identifikation mit der Sache dann auch der angestellte Mitarbeiter aufbringen können, obwohl ihm – dem unselbstständig arbeitenden – heute das, morgen etwas anderes angeschafft wird. Mittlerweile fordern wir eine solche Identifikation von der Gesellschaft in ihrer Gesamtheit ein: Vergnügtsein ist Pflicht, die Lebensumgebung, wird vermittelt, macht das Beste aus Dir – liebe sie! Hässlichkeit wird zum freudig erlebten integralen Bestandteil des eignen Lebens.

Wir akzeptieren das, weil es immer ein Argument gibt, das es uns alternativlos erscheinen lässt. Und dieses Argument – gleich für welche Art des Eingriffes in unsere Lebensumgebung – zielt immer direkt auf uns selbst ab: Die vermeintlichen Vorteile werden uns zugeordnet. In der Welt verschwimmender Interessensgegensätze scheint es so zu sein, dass es niemals andere sind, die tatsächlich von einem Eingriff profitieren. Selbst als beispielsweise in Europa die Länge von Lkw diskutiert wurde, gab es Vorteile für den einzelnen Konsumenten, kaum für den Frächter – obwohl es in Wirklichkeit die Gesellschaft ist, die die notwendigen Kosten für die Änderung der entsprechenden Infrastruktur trägt. Vor dem Hintergrund solcher Alternativen haben wir nur noch eine freie Wahl zwischen festgelegten Angeboten. Das macht uns zu *politischen Konsumenten*. Etwa: Wollt ihr ein AKW oder doch den letzten Wildbach verbauen? Es ist nicht immer leicht zu erkennen, wenn aus der freien Wahl die freie Auswahl wird. Bei der freien Auswahl zwischen positiven Optionen gibt es kein Nein, es wäre die negative Option, der Dislike-Button.

BLICK IN DIE ENTFERNUNG – Eine Anregung

Der Mensch an sich ist widersprüchlich: Er kann Dinge lieben und sie zugleich zerstören. Im Verhältnis zur Landschaft ist diese Ambivalenz besonders intensiv ausgeprägt. Lässt sich das durch weitere Regeln, Verordnungen, Gesetze in den Griff bekommen? Ein wenig vielleicht. Aber selbst um die richtigen Normen zu erlassen (und zwar jene, die mehr das Lieben als das Zerstören fördern), braucht es eine grundlegende Verhaltensänderung. Sie muss mit einer Erkenntnis beginnen: Nichts halten wir für so wenig von uns gestaltet und beeinflusst wie die Welt um uns. Sie verändert *sich*, sagen wir. Und doch sind es ausschließlich wir, die sie verändern. Und: Von nichts fühlen wir uns so wenig beeinflusst wie von der Welt um uns. Wir messen der herrschsüchtigen Mutter, der ungesunden Ernährung, dem autoritären Lehrer, dem Raucher am Nebentisch viel mehr Einfluss auf unser Leben zu. Und doch hat die Umgebung, in der wir leben, mindestens ebenso viel.

Wenn wir aber über diese Umgebung und ihre Entwicklung einen Diskurs führen, dann tun wir das ähnlich wie bei vielen anderen Themen. So wie wir eine Bildungsdebatte meist über Lehrer-Wochenstunden und Ferienlängen führen, führen wir die Debatte um unsere Lebenswelt über Maklergebühren und Dämmwerte, über Autobahnbaukosten und Lkw-Längen. Die so grundlegende Frage: Wie sieht die Umgebung, in der wir leben eigentlich aus, mutet geradezu exotisch und exzentrisch an. Und sie passt auch nicht in die Logik der gegenwärtigen massenmedialen Vermittlung[151].

Stellen wir uns diese Frage in einer ruhigen Stunde, bei einem entspannten Blick in die uns umgebende Landschaft, wir würden in Staunen und Wundern geraten, und vielleicht sogar die Exotik unserer unmittelbaren Nachbarschaft entdecken, sei sie nun schön oder hässlich. Wir haben aber Hemmungen, allzu kindlich über Unbekanntes zu staunen. Noch dazu, wenn es doch so nahe liegt, und es sich um Dinge handelt, die wir kennen müssten. Wir geben uns also abgeklärt, um uns keinem Provinzialitätsverdacht auszusetzen. Wir staunen nicht über das Hässliche, etwa unwirtliche Satellitenstädte, um – politisch korrekt – nicht jene, die in trister Umgebung leben müssen auch noch abzuwerten. Wir staunen nicht über die Pracht der anderen, um nicht unsere Weltgewandtheit in Frage zu stellen. Mehr noch: Wir wollen die Pracht gar nicht für uns – wir gönnen sie nur den anderen nicht.

Ganz Vernunftmenschen postulieren wir die ausschließliche Nützlichkeit unserer Bauten in der so *praktisch* gewordenen Landschaft. Sie droht uns in eine vorkulturelle Zeit zu führen, in der es nicht um *Leben*, sondern ums *Überleben* geht. Beim ersten Besuch im neuen Eigenheim werden die Gäste daher auch selten vor die Facade geführt, wo einzig Gefühlsregungen hervorgerufen werden könnten, sondern in die Eingeweide des Hauses: „Schau mal, ich zeig Dir unsere effiziente Hochleistungspassivenergiezentrale im Keller!“ Wenn eine Gesellschaft die Vernunft – ganz unvernünftig – ins Höchste übersteigert, und zum Maßstab allen Bauens macht, dann baut sie nur noch lustlos[152].

Gerade Karl Kraus, der uns sonst als Warner gegen so manche billige Verführung und Verblödung gilt, führt uns mit einem bekannten Zitat in die Irre. Ganz Kind der

Gründerzeit (damit wollen wir das entschuldigen) sitzt er dem Alles-Geht-Fortschrittsglauben auf, der dem Immer-Mehr huldigt: *Ich verlange von einer Stadt, in der ich leben soll: Asphalt, Straßenspülung, Haustorschlüssel, Luftheizung, Warmwasserleitung. Gemütlich bin ich selbst.*[153]

Wir können seine Forderungen nach Infrastruktur getrost als erfüllt betrachten – und sie allenfalls in der smarten City optimieren. Aber an der Annehmlichkeit des Warmwassers wird sich dadurch nichts mehr verbessern. Die Gemütlichkeit allerdings, die sich bei Karl Kraus noch ganz von alleine eingestellt hat, und deren Gegenteil er in der Gestaltung der Stadt offenbar akzeptiert hat, macht unser gutes Leben aus. Die Gemütlichkeit freilich barg bei ihm, wie auch bei Intellektuellen nach ihm, die Gefahr einer trügerischen Idylle, wie wir sie ganz besonders in Adalbert Stifters Nachsommer-Idylle am Asperhofe sehen. In den *Nachsommer* interpretieren wir zwar die Abgründe der menschlichen Seele hinein, übersehen aber das beschriebene Ideal der Achtsamkeit, mit der einer der beiden Hauptprotagonisten, der Freiherr von Risach, mit seiner Lebensumgebung umgeht. Zugegeben, sechzig Seiten vom Gartentürl bis zur rosenumrankten Haustür, das sind ein bisserl viel Eindrücke für einen Menschen der Gegenwart, auch wenn wir vermeintlich so viel gleichzeitig aufnehmen können. Aber sie sind für die Arten der Raumerfahrung ein Manifest der Achtsamkeit. Es ist gleichsam die regionale Interpretation des arabischen Sprichwortes, wonach die Seele nur mit der Geschwindigkeit eines Kamels reist.

Wir haben bei diesen Dingen vielfach unnötigerweise die Sorge, zu klein, zu lokal, zu denken. Der Blick auf das *Mittlere*, wie wir die Landschaft, um die es hier geht, bezeichnet haben, verstelle die weite Perspektive auf das Große, auf das Vernetzte und Globale. Das 1980er-Jahre-Motto *Think Big* prägt uns mehr denn je. Aber es wäre nicht einmal ein Widerspruch, sind doch die Phänomene im Umgang mit unserer Lebensumgebung überall in der westlichen Welt die gleichen. Im globalen Kapitalismus ist auch die Behandlung des Bodens, auf dem er stattfindet nicht allzu unterschiedlich.

Somit erübrigt sich die Frage, wo anzufangen ist. Vielmehr geht es um das *Wie*. So banal die Antwort ist, so schwierig durchzusetzen ist sie wohl: bei der Sache selbst.

Wir sind geneigt, bei Zielen, von denen wir überzeugt sind, sie erreichen zu müssen, Umwege zu gehen. Wollen wir den CO_2-Ausstoß minimieren, bauen wir zuerst wieder Kraftwerke, warten auf die flächendeckende Verbreitung des Stromautos und die Genehmigungen für Leitungsinfrastruktur quer über den Kontinent. Dann können wir damit beginnen, was wir eigentlich wollen. Sagen wir uns jedenfalls. Es ist so, als würden wir im Strafgesetzbuch Diebstahl erst dann unter Strafe stellen, wenn niemandem mehr etwas fehlt. Das heißt: Eine Gesellschaft, die nicht will, dass ihre Lebensumgebung zerschnitten, zersiedelt und zerstört wird, lässt keine weitere Ausdehnung in die Landschaft zu. Ohne den Umweg, erst andere Ziele erreichen zu müssen.

Wer sich vornimmt, weniger Fläche für Besiedlung, für Straßen, für Kraftwerke (und seien es Windräder), also insgesamt für unsere Infrastruktur, in der Landschaft und in der Welt zu verbrauchen, kann nicht an anderer Stelle wieder mehr Fläche verbrauchen. Anders gesagt: Wer sich vornimmt, von der Welt ein Stück *frei* zu lassen, kann das nur tun oder nicht; Flächen nicht zu verbrauchen, lässt sich nur erreichen durch *Flächen-nicht-zu-verbrauchen*. Eine so konkrete und für alle anschauliche und nachvollziehbare Veränderung unserer Lebensumgebung könnte gleichsam die Beschleunigung zu einer Trendwende sein, die viele andere Bereiche mitnehmen kann.

Es könnte somit erfolgversprechender sein als all die erfolglosen Bemühungen in Sachen Klimawandel. Da setzt die bekannte Aktivistin und Autorin Naomi Klein in ihrer zuletzt erschienenen Klima-Bibel auf eine weltweite Massenbewegung, die Verhaltensänderungen erzwingen würde[154]. Ich zweifle daran, weil es noch zu lange dauern wird, bis die Massen, insbesonders in der westlichen Welt, die Auswirkungen spüren werden. Bis dahin werden wir wohl in den Küstenregionen die Deiche höher bauen, entlang der Flüsse Hochwasserschutz errichten, für die Berge und die Touristen Schnee produzieren und ein paar Trinkwasserpipelines verlegen. Die begleitende Wachstumsrhetorik wird uns (und vor allem manchem Konzern) an einem solcherart in Erscheinung tretenden Klimawandel sogar Freude haben lassen.

Die Zerstörung unserer uns umgebenden Umwelt, vor allem in ihrer Ästhetik, wird uns anders als das sich zumeist unmerklich ändernde Klima unmittelbar vor Augen geführt. Darin liegt die Chance. Noch erkennen wir die Zerstörung nur, tun sie aber vielfach als Luxusproblem ab, mit dem wir uns erst nach Lösung einer Reihe vieler anderer gesellschaftlicher Probleme befassen können. Diese Scham vor den eigenen Bedürfnissen, Wünschen und Anforderungen an unsere Umgebung müssen wir überwinden. Dann kann es zum Massenphänomen werden, dass wir es nicht mehr als alternativlos hinnehmen, wenn Strände verbaut und zubetoniert, weitere und noch breitere Straßen den Kontinent zerschneiden, Infrastruktur immer monströser wird, und sich unser Siedlungsraum grenzenlos ausbreitet und zu einer Verwüstung der Landschaft führt. Und wir könnten gleichzeitig auch hinnehmen, dass sich die Jahreszeiten nicht zu einem von der Tourismuswirtschaft festgelegten Stichtag abwechseln.

Wenn wir erst unsere Ausbreitung in der Welt beschränken, indem wir uns viel radikalere Grenzen setzen, sei es in den Alpen oder an den Polen, lässt sich auch eine Reihe anderer Probleme lösen. Denn mit der Selbstbeschränkung unseres Aktionsraumes kann nur ein Schrumpfen dessen einhergehen, was gegenwärtig den Kern unseres Bruttosozialprodukts ausmacht: ein Schrumpfen von Im- und Export, von Transport der Waren und Rohstoffe rund um die Welt, und von Konsum. Wachsen kann weiterhin die Entwicklung neuer Technologien, öffentlicher Verkehr, Pflege, Kunst und Bildung[155].

Bei dieser Gelegenheit ist dann oft der Appell zu hören, jeder möge jetzt bei sich selbst beginnen. Vorsicht! Er ist zumeist von denjenigen zu hören, die andere Interessen verfolgen. Und zwar die Gegenteiligen. Die Eingriffe in die Lebensumgebung gehen nicht vom Einzelnen aus, der individuell und selbstbestimmt Entscheidungen trifft, nicht einmal von dem zuvor schon genug diskreditierten Häuslbauer. Die Eingriffe sind systemimmanent. Das funktioniert nicht wie einst mit dem Mülltrennen oder mit dem Anlegen eines Komposthaufens. Und selbst das hat kaum dazu beigetragen, dass unsere Umwelt nicht durch Emissionen weiter belastet wurde. Es war vielmehr die damit einhergehende Sensibilität, in einer gesunden Umgebung leben zu wollen. Daraus hat sich ein Wahlverhalten entwickelt, sodass es sich wenige Jahre später keine Partei mehr erlauben konnte, für diese Anliegen nicht einzutreten, so vordergründig das auch mittlerweile geworden ist (und zum Marketing-Schmäh der Konzerne verkommen ist).

Es kann auch nicht jeder bei sich selbst anfangen, indem man jene Haupttäter meidet, die man vermeintlich freiwillig aufsucht – ein Einkaufscenter etwa. Eine fehlende Schraube kann einen, wie gesagt, manchmal dazu zwingen. Und schon gar nicht kann man ohne Änderungen der Rahmenbedingungen auf Auto oder Einfamilienhaus verzichten. Für viele würden solch radikale Initiativen, bei sich selbst anzufangen, bedeuten, sich selbst aus dem Spiel unserer wirtschaftlichen Logik zu nehmen. Es gibt einen Adressaten dafür, und das ist die Politik, die sich damit befassen muss – oder die wir damit befassen müssen. Sie ist es, die dann bei uns anfangen kann. Wir dürfen uns nur dann nicht bei jeder noch so kleinen „Konjunkturdelle" erwarten, dass raumgreifendes Weiterbauen die Medizin ist.

In einem Zeitalter namens Anthropozän, in dem wir erreicht haben, die Gestaltung der Oberfläche dieser Welt vollständig in unsere Hände zu bekommen, haben wir erstmals in der Menschheitsgeschichte auch die schwierige Entscheidung zu treffen, wie wir das tun wollen. Wir müssen also die Entscheidung treffen, *wo wir denn leben wollen*. Wir können das Monströse, Brutale und Achtlose schaffen – oder unsere Vorstellungen von Sehnsuchtsorten (und unsere Lebenswelt soll doch ein solcher sein!) Realität werden lassen. In unseren Köpfen existieren genug davon: Von Galizien bis auf den Semmering, von Marrakesch bis nach Arkadien. In diese geistigen Orte projizieren wir Stimmungen eines guten Lebens. Wir können sie auch tatsächlich bauen.

ANMERKUNGEN

1 Karl Schlögel, Im Raume lesen wir die Zeit. Über Zivilisationsgeschichte und Geopolitik. Frankfurt a. M. 2006, S. 285

2 Jochen Bölsche (Hrsg.), Die deutsche Landschaft stirbt, Spiegel-Buch, Reinbek 1983, S. 9

3 Thomas Bernhard, Heldenplatz, Frankfurt a. M. 1988, S. 85

4 Stendhal, Reise in Italien, München 1996

5 Friedrich Achleitner in: Alt-Wien. Die Stadt, die niemals war. Ausstellungskatalog des Wien Museums, S. 22 f.

6 Kurier, 11.2.2015, S. 29

7 Tarek Leitner, Mut zur Schönheit, Streitschrift gegen die Verschandelung Österreichs, Wien 2012.

8 Vgl. Oliver Jaeges, Generation Maybe, Die Signatur einer Epoche, Berlin 2014

9 Pierre Rabhi, Glückliche Genügsamkeit, Berlin 2015, S. 27

10 Vgl. Karl Schlögel, Im Raume lesen wir die Zeit, Über Zivilisationsgeschichte und Geopolitik, Frankfurt a. M. 2006

11 Byung-Chul Han, Im Schwarm, Ansichten des Digitalen, Berlin 2014, S. 59

12 Vilém Flusser, zit. nach Byung-Chul Han, Im Schwarm, Ansichten des Digitalen, Berlin 2014, S. 46

13 Ebd.

14 Vgl. dazu: Douglas Rushkoff, Present Shock, Freiburg 2014, S. 267

15 https://de.wikipedia.org/wiki/Paul_J._Crutzen, abgerufen am 19.8.2015

16 Ina Hirschbiel (Hg.), Landschaften, Eine Architekturtheorie in Bildern, Zürich 2012, S. 178 ff.

17 Vgl. dazu NZZ vom 27.3.2015, S. 27; NZZ vom 29.3.2015, S. 12; oder NZZ vom 31.3.2015, S. 19

18 Adolf Loos, Sämtliche Schriften in zwei Bänden, Wien 1962, S. 329 f.

19 Die Zeit, 11.12.2014, S. 60

20 Sonderausstellung, Deutsches Museum, München, 5. Dezember 2014 bis 31. Januar 2016

21 Slavoj Žižek, Willkommen in interessanten Zeiten, Hamburg 2011, S. 25

22 www.science.orf.at/stories/1756647 /, abgerufen am 19.4.2015

23 Der Standard, 15.2.2014, S. A1 f.

24 C. G. Jung, Schriften zur Spiritualität und Transzendenz, (Hg. Brigitte Dorst), Edition C. G. Jung, Ostfildern, 2013

25 Der Spiegel, 1.12.2014

26 Vgl. dazu die Ausstellung: Von der Schönheit der Natur. Katalog: Klaus Albrecht Schröder, Maria Luise Sternath (Hrsg.), Von der Schönheit der Natur, Die Kammermaler Erzherzog Johanns, Wien – München 2015, S. 33

27 Die Zeit, 10/ 2015, S. 28

28 Ebd.

29 http://orf.at/stories/2273671/2273628/, abgerufen am 20.4.2015

30 www.news.at/a/oesterreich-top-berg-erlebnisse/3750926, abgerufen am 24.3.2015

31 www.orf.at/news/stories/2684882/, abgerufen am 18.12.2014

32 http://orf.at/stories/2261282/2261285/, abgerufen am 7.2.2015

33 Vgl. dazu: Mut zur Schönheit, S. 111

34 Marc Augé, Nicht-Orte, München 2010

35 Werner Bätzing, Zwischen Wildnis und Freizeitpark, Eine Streitschrift zur Zukunft der Alpen, Zürich 2015, S. 35

36 Die Zeit, Nr. 23, 28.5.2009, S. 72

37 Byung-Chul Han, Transparenzgesellschaft, Berlin 2012, S. 53 f.

38 Vgl. dazu die Studie „Raum wahrnehmen und Raum erkunden bei Kindern bis zu 3 Jahren" von Kornelia Schneider, http://www.uni-siegen.de/bak/forschung/tagung/tagung/schneider_kornelia.pdf

39 H. Schröteler-von Brandt u. a. (Hg.), Raum für Bildung, Ästhetik und Architektur von Lern- und Lebensorten, S. 10

40 Alexander Mitscherlich, Die Unwirtlichkeit unserer Städte, Anstiftung zum Unfrieden, Frankfurt a. M. 2013, S. 9

41 Hermann Hesse, Bäume, Berlin 2014, S. 7

42 Zit. nach: Mitscherlich, Unwirtlichkeit, S. 50

43 Goethe: Über Kunst und Kunstgeschichte

44 Stefan Zweig, Die Welt von Gestern, Erinnerungen eines Europäers, Frankfurt a. M., 2003, S. 28 f.

45 Konrad Paul Liessmann, Lob der Grenze, Wien 2012, S. 12

46 Robert Menasse, Der Europäische Landbote Wien 2012, S. 7

47 Geert Mak, Wie Gott verschwand aus Jorwerd, Der Untergang des Dorfes in Europa, München 2014, S. 54

48 Werner Bätzing, Zwischen Wildnis und Freizeitpark, Zürich 2015, S. 53

49 Vgl. dazu: Rainer Metzger, Die Stadt, Vom antiken Athen bis zu den Megacitys, Wien 2015, S. 239

50 Alexander Mitscherlich, Die Unwirtlichkeit unserer Städte, Frankfurt a. M. 2013

51 Konrad Paul Liessmann, Lob der Grenze, Wien 2012, S.133

52 Byung-Chul Han, Psychopolitik, Frankfurt a. M., 2014, S. 16

53 Ebd.

54 Robert Misik, Halbe Freiheit, Berlin 2012, S. 49

55 Vgl. Eva Maria Simms in: Raum für Bildung, Ästhetik und Architektur von Lern und Lebensorten, (Hg. von H. Schröteler-von Brandt u.a.), Bielefeld 2012, S. 30

56 Norbert Jung, Der Psychotop, Befindlichkeit und Ausdruck der Beziehung Mensch – Natur, FH Eberswalde 2007

57 Rainer Guldin, Politische Landschaften, Bielefeld 2014, S. 42

58 Zit. nach Guldin, Politische Landschaften, S. 39

59 Elias Canetti, Masse und Macht, Frankfurt a. M. 2003, S. 86 ff.

60 Claudio Magris, Donau, Biographie eines Flusses, München – Wien 2007, S. 30 f.

61 Vgl. Mitscherlich, Die Unwirtlichkeit unserer Städte, Frankfurt a. M., 1965, S. 82

62 Thomas Kunze, Nicolae Ceausescu, Eine Biographie, Berlin 2000, S. 307

63 Ebd., S. 328

64 Vgl. dazu: Werner Bätzing, Zwischen Wildnis und Freizeitpark, Zürich 2015, S. 123

65 Die Zeit Nr. 24, 11. Juni 2015, S. 24

66 Georg Franck, Ökonomie der Aufmerksamkeit, München 1998, S. 11

67 Ebd., S. 213

68 Vgl. dazu: Niklas Maak, Wohnkomplex, München 2014, S. 21

69 Arbeitswelten, Beilage zu „Die Presse", 26.6.2015, S. 33

70 Vgl. dazu: Byung-Chul Han, Transparenzgesellschaft, Berlin 2012

71 Zeit im Bild vom 10.2.2015

72 Alexander Mitscherlich, Die Unwirtlichkeit unserer Städte, Frankfurt a. M. 2013, S. 36

73 Vgl. dazu Abb. in: Niklas Maak, Wohnkomplex, München 2014, S. 151

74 Vgl. etwa APA 145 vom 6.8.2013

75 Für Deutschland: de.statista.com, abgerufen am 17.2.2015; für Österreich: APA 367 vom 4.12.2013

76 Vgl. Lorenz Potocnik, Potocnik sucht Streit, Linz 2014; es war der Autohersteller Audi, der Anfang der 1990er Jahre sein Modell TT damit bewarb

77 Statistik Austria, Erwerbstätige 1971 bis 2011 nach Entfernungskategorien, www.statistik.at

78 Vgl. Andreas Nierhaus (Hrsg.), Der Ring, Pionierjahre einer Prachtstraße (Ausstellungskatalog), Wien 2015

79 Salzburger Nachrichten, 10. 12. 2014, S. L6

80 Jaques-Alain Miller, The Desire of Lacan, in: lacanianink 14, 1999; übersetzt von und zit. nach: Slavoj Žižek, Auf verlorenem Posten, Frankfurt 2009.

81 Vgl. Eva Horn, Zukunft als Katastrophe, Frankfurt a. M. 2014, S.12

82 Günter-Günter-Liedtke, Industrie-Wald und Landschaftskunst im Ruhrgebiet, Essen 2007, zit. nach www.deutscherwerkbund.nw.de, abgerufen am 25.2.2015

83 Lew N. Tolstoj, Die schönsten Erzählungen, Frankfurt a. M. 1999, S. 235 f.

84 Ebd., S. 243

85 Mut zur Schönheit, S. 192

86 Kurier, 27.03.2014, S. 24

87 Bodenatlas von Global 2000 und Heinrich Böll Stiftung, publiziert im Jänner 2015

88 Rechnet David Montgomery, Geomorphologe der University of Washington, in seinem Buch Dirt vor.

89 Statistik Austria, Bodenatlas 2015

90 Ebd.

91 Ebd.

92 Umweltbundesamt, Zehnter Umweltkontrollbericht, Wien 2013, S. 247

93 Aus einem Gespräch mit Bernd Lötsch, 28.11.2014

94 Ebd.

95 Society for Community Organization (SoCO), eine NGO, die bereits seit den 1970er Jahren auf soziale Ungleichheiten in Hongkong hinweist, hat dazu Photographien veröffentlicht, siehe z.B. orf.at: Beklemmung in Bildern, 8.3.2013

96 Kurier, 31.3.2015, S. 9

97 Vgl. CIMA Beratung und Management GmbH, Studie: Kaufkraftstrom- und Einzelhandelsstrukturuntersuchung im Bundesland Salzburg, 2015

98 Kronen Zeitung, Salzburg-Ausgabe, 10.2.2015, S.14

99 APA 342, 22.1.2014

100 Vgl. dazu: Ernst Ulrich von Weizsäcker, Faktor Fünf, München 2010

101 Slavoj Žižek, Auf verlorenem Posten, Frankfurt a. M. 2009, S. 257

102 Ebd., S. 256

103 Karl Schlögel, Im Raume lesen wir die Zeit. Über Zivilisationsgeschichte und Geopolitik,. Frankfurt a. M. 2006, S. 284

104 Vgl. Geert Mak, Wie Gott verschwand aus Jorwerd, Der Untergang des Dorfes in Europa, München 2014, S 35

105 Byung-Chul Han, Transparenzgesellschaft, Berlin 2013, S. 18

106 Richard Sennett, Civitas, Frankfurt a. M. 2009, S. 70 ff.

107 Ebd., S. 27

108 Vilém Flusser, Über Facaden.

109 Ebd., S. 22

110 Vgl. Eva Horn, Die Zukunft als Katastrophe, Frankfurt a. M. 2014

111 Lord Whimsy, Die Kunst mit einem Hummer spazieren zu gehen, Handbuch für den wahrhaften Dandy, Berlin 2013

112 Richard Sennett, Civitas, Frankfurt a. M. 2009, S. 13

113 Byung-Chul Han, Transparenzgesellschaft, Berlin 2012, S. 55

114 Ebd., S. 49

115 Karl Schlögel, Im Raume lesen wir die Zeit. Über Zivilisationsgeschichte und Geopolitik, Frankfurt a. M. 2006, S. 87

116 Ebd., S. 114

117 Alfred Korzybski, Science and Sanity

118 http://orf.at/stories/2255908/2255909/, abgerufen am 18.8.2015

119 Mark Monmonier, Eins zu einer Million, Die Tricks und Lügen der Kartographen, Basel 1996, S. 45

120 Vgl. Miriam Meckel, Wir verschwinden, Der Mensch im digitalen Zeitalter, Berlin 2013

121 Zit. nach Transparenzgesellschaft, S. 47

122 Der Spiegel, 36/2014, S. 115

123 Byung-Chul Han, Müdigkeitsgesellschaft, Berlin 2014, S. 41

124 Cees Nooteboom, Der Buddha hinter dem Bretterzaun, Frankfurt a. M. 1995, S. 47

125 Vgl. Allain De Botton, Die Nachrichten, Eine Gebrauchsanweisung, Frankfurt a. M. 2015, S. 113 ff.

126 Byung-Chul Han, Im Schwarm, Ansichten des Digitalen, Berlin 2013, S. 36

127 Vgl. dazu: Niklas Maak, Wohnkomplex, München 2014, S. 83 f.

128 Michael Lobeck, Professor am Geografischen Institut der Universität Bonn, im Rahmen der Smart Cities Week in Salzburg, Der Standard, 11.3.2015

129 Slavoj Žižek, Das Jahr der gefährlichen Träume, Frankfurt a.M. 2013, S. 91

130 Verkehrsapps können auch bürgernah werden, FAZ Nr. 39 vom 16.2.2015

131 Der Standard, 14.3.2015

132 Vgl. Besetzt, Kampf um Freiräume seit den 70ern, Hrsg. Martina Nußbaumer, Werner Michael Schwarz, Wien 2012

133 Ebd., S. 16

134 Markus Metz – Georg Seeßlen, Kapitalismus als Spektakel, Berlin 2012, S. 7

135 Zeit-Magazin Nr. 47/ 2011

136 Der Standard, 17.12.2011, S. 26

137 Kurier, 15.11.2014

138 Die Presse, 29.8.2014

139 Besalino, Trick 17 mit Selbstüberlistung, zitiert nach Thomas Wagner : Die Mitmachfalle, Bürgerbeteiligung als Herrschaftsinstrument, Köln 2014, S. 55

140 Niklas Maak, Wohnkomplex, München 2014, S. 50

141 Vgl. Markus Metz – Georg Seeßlen, Geld frisst Kunst – Kunst frisst Geld, Berlin 2014, S. 72

142 Beim Wiener Energieversorger Wien-Energie kosten Beteiligungen etwa zwischen 1.000,– und 10.000,– Euro, sie waren binnen kurzer Zeit alle vergeben.

143 Thomas Wagner: Die Mitmachfalle, Bürgerbeteiligung als Herrschaftsinstrument, Köln 2014, S. 117

144 Harry G. Frankfurt, Bullshit, Frankfurt a. M. 2006

145 Claudia Miller, Hannes Bäuerle, Alpenorte, über Nacht in besonderer Architektur, München 2014, S. 106

146 Wolf Schneider in: Architektur + Raum, 1.6.2013

147 Arbeitswelten, Beilage zu „Die Presse", 26.6.2015, S. 32

148 Süddeutsche Zeitung, 16.1.2015

149 Süddeutsche Zeitung, 11.11.2014

150 http://wien.orf.at/news/stories/2677149, abgerufen am 18.8.2015

151 Vgl. Allain De Botton, Die Nachrichten, Eine Gebrauchsanweisung, Frankfurt a. M. 2015

152 Vgl. Robert Pfaller, Wofür es sich zu leben lohnt, Elemente materialistischer Philosophie, Frankfurt a. M. 2011

153 Pro domo et mundo, Schriften, hrsg. von Christian Wagenknecht, Frankfurt a. M., 1986, Bd. 8, S. 209

154 Naomi Klein, Die Entscheidung – Kapitalismus vs. Klima, Frankfurt a. M. 2015

155 Vgl. Interview mit Naomi Klein, Spiegel 9/2015, S. 65

Bibliografische Information der Deutschen Nationalbibliothek
Die Deutsche Nationalbibliothek verzeichnet diese Publikation in der Deutschen Nationalbibliografie; detaillierte bibliografische Daten sind im Internet über http://dnb.d-nb.de abrufbar.

1. Auflage

Lektorat: Ulli Steinwender
Grafische Gestaltung und Satz: Burghard List

Gedruckt in der EU

Illustration Cover: Ander Pecher

ISBN 978-3-85033-923-0

Christian Brandstätter Verlag
GmbH & Co KG
A-1080 Wien, Wickenburggasse 26
Telefon (+43-1) 512 15 43-0
Telefax (+43-1) 512 15 43-231
E-Mail: info@brandstaetterverlag.com
www. brandstaetterverlag.com

Designed in Austria, printed in the EU

cover design: kratkys.net